Guido Schmezer – Ueli der Schreiber

Bern für Anfänger

Guido Schmezer
Ueli der Schreiber

Bern für Anfänger

Das Drum, Dran und Drin
der schweizerischen Bundesstadt

Verlag Paul Haupt Bern

Zeichnungen Rolf Schmidt

CIP-Kurztitelaufnahme der Deutschen Bibliothek

Schmezer, Guido:
Bern für Anfänger : d. Drum, Dran u. Drin d. schweizer. Bundesstadt/Guido Schmezer. [Zeichn. Rolf Schmidt]. – 5. Aufl., (24.–28. Tsd.). – Bern : Haupt, 1987. Auf d. Haupttitels. auch: Ueli der Schreiber
ISBN 3-258-03839-2
Vw: Ueli ‹der Schreiber› [Pseud.] → Schmezer, Guido

5. Auflage (24. bis 28. Tausend)
Die ersten drei Auflagen erschienen im
Diogenes Verlag Zürich

Druckerei Paul Haupt AG Bern

Inhalt

9 Blick vom Münster
14 Bitte kein Rundgang
15 Das Rückgrat der Stadt
29 Die Riviera
31 Männer hinter Gittern
33 Hinten herum
34 Der Bärengraben
35 Die Südhälfte
37 Gaumenfreuden

41 Die Urzeit
41 Die Gründungszeit
44 Das gute alte Bern
45 Die Großmacht Bern
46 Die Reformation
46 Die Reisläuferei
47 Der Niedergang
48 Der Untergang
49 Die Zeit der Unmündigkeit
49 Ende gut, alles gut

50 Blick in die Bernerseele
55 5 Regeln für den Umgang mit Bernern
56 Der beredte Berner
62 Das kulturelle Leben

72 Die Bundesstadt
77 Das diplomatische Korps

78 Bern für Fortgeschrittene
79 Wie man sich zurechtfindet
82 Schriftliches

Vorwort

Von all den Städten, die sich die schönsten der Welt nennen, unterscheidet sich Bern dadurch, daß es die schönste Stadt der Welt ist.

Machen wir uns gegenseitig nichts vor!
Sie sind ein Anfänger. Ich bin ein Anfänger. Alle Menschen sind Anfänger, am meisten die, welche behaupten, keine Anfänger zu sein.
Diese Erkenntnis stammt nicht ausschließlich aus Bern. Ein Athener namens Sokrates soll vor einigen Jahren den Ausspruch getan haben: «Ich weiß, daß ich nichts weiß.» Er drückte dies zwar in griechischer Sprache aus, doch dürfte sein Wort auch für deutschsprachige Erdenbewohner, ja sogar für Schweizer gelten. Wir alle: Sie, Einstein und ich, können im Verlaufe unseres kurzen Daseins nur so wenig Wissen erwerben, daß es angesichts des Vielen, das man wissen müßte, um weise zu sein, überhaupt nicht ins Gewicht fällt. Finden wir uns also mit der Tatsache ab, daß wir Anfänger sind und bleiben.
Sie könnten nun den Vorwurf erheben, es sei doch Unsinn, wenn einer, der selber Anfänger ist, ein Büchlein für Anfänger schreiben wolle. Tun Sie das bitte nicht, es wäre nicht ganz gerecht. Ich will ja niemanden belehren. Ich will keine Abhandlung über Bern schreiben. Ich will Ihnen einzig eine Arbeit abnehmen, die Sie ohne weiteres auch selber bewältigen könnten: Material über die schweizerische Bundesstadt zusammentragen und

es einigermaßen übersichtlich präsentieren. Das kann jeder, der Zeit dazu hat. Ich habe sie, denn ich lebe in Bern, wo man nicht so pressiert ist wie in anderen Gegenden. Und Ihnen möchte ich empfehlen, das Büchlein genau so zu lesen, wie es geschrieben wurde: in aller Gemütlichkeit.

Bern von außen

Blick vom Münster

Was tut der Forscher, der soeben ein unbekanntes Land betreten hat und sich darin umsehen möchte? – Er besteigt den nächstgelegenen Berg, Hügel oder Baum, hält, wenn die Sonne scheint, beschattend die Hand über die kühnen Brauen und wendet sich langsam nach allen vier Himmelsrichtungen.
Tun Sie dasselbe, wenn Sie nach Bern kommen. Begeben Sie sich schnurstracks zum weithin sichtbaren Münster, lassen Sie das Jüngste Gericht über dem Hauptportal vorläufig Jüngstes Gericht sein und dringen Sie rechts davon in den Vorraum der Kirche. Dort finden Sie linkerhand eine Tür, an der in antiken Lettern das Wort «Turmtreppe» geschrieben steht.
Es ist eine Wendeltreppe von 254 Steinstufen, mit Linksdrall, und wenn Sie sich Stufe um Stufe über den Erdboden emporgearbeitet haben, hin und wieder durch spätgotische Öffnungen den sich weitenden Blick genießend, stehn Sie zuoberst im Treppentürmchen vor einem geschlossenen Gittertor. Jetzt klauben Sie die bescheidene Eintrittsgebühr aus dem Portemonnaie. Falls Sie dieses im Auto unten vergessen haben, holen Sie es rasch. Dann drücken Sie auf die Klingel, entrichten den Eintrittspreis und treten auf die rund um den Turm führende, offene Galerie.
Sie befinden sich in schwindelerregender Höhe über dem Münsterplatz, und das alte Bern mit allen

seinen wichtigen Bauwerken liegt rings zu Ihren Füßen. Nur ausgerechnet das schönste der Bauwerke können Sie nicht sehen, denn Sie stehen darauf.

Gehen wir nun mit System vor.

Ihr erster Blick fällt gen Süden, wo unten im Schwellenmätteli die Aare noch gleich rauscht wie vor Jahrhunderten, denn die Schwellen sind fast so alt wie die Stadt. Rechts drüben schwingt sich die Kirchenfeldbrücke vom Casino zum Helvetiaplatz hinüber, an dem sich der pseudomittelalterliche Schloßbau des Historischen Museums hinter dem Welttelegraphendenkmal breitmacht. In seiner näheren Umgebung finden Sie noch das Post- und Alpine Museum, das Schützenmuseum, das Naturhistorische Museum und die Kunsthalle.
Weit hinten, über dem Historischen Museum, liegt unser Spazier- und Wintersportberg, der Gurten, und rechts an seinem Fuß Köniz.
Vom Helvetiaplatz zieht sich nach links bis zum Bärengraben der lauschige Waldstreifen der Englischen Anlage. Was dahinter liegt, ist das Kirchenfeld. Man sieht auch einen Teil des Dählhölzlis und darüber – wiederum am Fuße des Gurtens – die Ortschaft Wabern.
Noch rasch einen Blick in die Tiefe. Da unten liegt die künstlich aufgeworfene Münster-Plattform, einst ein Friedhof, heute eine Anlage mit schattenspendenden Kastanienbäumen, einem Lift, der einen für wenig Geld zweiunddreißig Meter zur Aare hinunterführt, einer öffentlichen Toilette und, als besonderer Merkwürdigkeit, auf Wadenhöhe an der Abschlußmauer der Gedenktafel für den Theologen Teobold Weinzäpfli, der hier am 25. Mai 1654 von einem bockigen Pferd über die Brüstung in die Matte hinuntergeworfen wurde und wunderbarerweise am Leben blieb.

Wenn Sie sich nun auf die Ostseite hinüber begeben, sehen Sie ungefähr das, was man schon 1628 von hier aus sehen konnte: den ältesten Teil Berns. Die Gasse, die sich da auftut, ist die Junkerngasse. Sie führt in leichter Linkskrümmung zur Nydeggbrücke hinunter, an deren jenseitigem Ende der Bärengraben liegt und die erst 1844 in Betrieb genommen wurde. Bis dahin ging es links von der Nydeggbrücke zur von hier aus nicht sichtbaren Untertorbrücke hinunter.
Die Hauptachse der Altstadt, die Gerechtigkeitsgasse, führt links drüben ebenfalls gegen die Nydegg hinunter. Man erkennt sie am Einschnitt im Gewirr der Giebel und Kamine.
Jenseits der Nydeggbrücke steigt rechts der Muristalden an, links der Aargauerstalden. Über letzterem liegt, als schönster Aussichtspunkt für Stadtbesucher, der Rosengarten, über diesem der bewaldete Bantiger mit seinem kulturverbreitenden Sendeturm. Die Erhebung rechts davon ist der Ostermundigenberg.

Womit wir uns gen Mitternacht wenden.
Daß der Stadtkern auf einer Halbinsel ruht, deren Spitze bei der Nydegg liegt, ist eine Tatsache, die nur derjenige ahnt, welcher merkt, daß zwischen den nähergelegenen Häusern und dem Abhang im Norden der Flußeinschnitt der Aare liegen muß. Weiter links drüben sieht man dann wiederum ein Stück der Aare, wie sie sich gegen Rotterdam davonschlängelt.
Der Turm, den Sie da drüben sehen, gehört zur altkatholischen Kirche. Zu seiner Rechten entdeckt man das Rathaus mit seinem farbigen Wappenfries. Dann die ansteigende Kornhausbrücke, an ihrem tiefer gelegenen Ende das Stadttheater, am oberen der metallisch glänzende, hochmoderne Kursaal. Ob diesem topographisch bedingten Niveau Unterschied auch ein künstlerischer entspricht, finden Sie am besten selber heraus.

Die nächste Brücke ist die Lorrainebrücke, die übernächste trägt vier Eisenbahnspuren und gilt nicht zu Unrecht als Wunderwerk in Beton.
Die Kornhausbrücke weist auf den Turm der Markuskirche.

Bleibt noch der Westen. Der ist baugeschichtlich am interessantesten, weil er die verschiedenen Westabschlüsse der Stadt sichtbar macht. Gehen wir wieder vom Stadttheater aus. Links daneben steht breit und imposant das Kornhaus, noch weiter links der um 1218–20 erbaute Zytglogge-Turm.
Bis hierher, also bis zum Zytglogge, wurde um 1220 die 1191 gegründete Stadt erweitert.
Nun lassen Sie Ihr Auge noch etwas weiter nach Westen wandern, bis Sie auf einen zweiten, ähnlichen Turm stoßen. Das ist der Käfigturm, der bis 1346 die Stadtgrenze kennzeichnete. Über ihm steht auf der Großen Schanze die Universität.
Dann, noch weiter westlich, fällt Ihr nun schon etwas müde gewordener Blick auf den barocken Turm der Heiliggeistkirche. Daneben stand einst der Christoffelturm, der die westliche Ausdehnung der Stadt bis ins 19. Jahrhundert anzeigte. Sein Abbruch wurde 1864 bei einer Stimmbeteiligung von 41,5 Prozent mit einem Mehr von vier Stimmen beschlossen. Der Kopf seiner 9,7 Meter hohen Christophorus-Statue aus Lindenholz kann im Original im Historischen Museum und als Kopie in der Unterführung des Hauptbahnhofs besichtigt und beweint werden.
Der Straßenzug, in den Sie direkt hineinblicken, ist die Amthausgasse. Zu ihrer Linken, nicht weit vom Münster, ragt zunächst einmal das steile Dach des Casinos auf, dahinter die Kuppel des Bundeshauses, links davon der Turm der Dreifaltigkeitskirche und noch weiter hinten die Friedenskirche.
Haben Sie genug von diesem Panorama? Ich auch. Aber Sie haben sich jetzt doch wenigstens ein bißchen umgeschaut und einen flüchtigen Begriff von der Anlage Berns gewonnen. Den Rest Ihrer

Entdeckungsfahrt können Sie zu ebener Erde erledigen. Nur noch rasch, als würdiger Abschluß, ein zweiter Blick nach Süden! Sehen Sie dort die Schneeberge, die weltberühmten Berner Alpen mit Eiger, Mönch und Jungfrau?
Welche Stadt kann Ihnen das bieten?

Bitte kein Rundgang!

Rundgänge zeichnen sich dadurch aus, daß sie nie rund, sondern unregelmäßig, vieleckig und deshalb kompliziert sind. Rundgänger erkennt man folglich daran, daß sie mit entfaltetem Stadtplan unsicher durch die Gassen schweifen, sich an jeder Kreuzung dreimal um ihre eigene Achse drehen und mit unschön halbgeöffnetem Mund zu den Straßentafeln emporstarren.

Halten wir uns darum wieder an das Vorbild des Forschers, der Neuland betritt. Er macht keinen Rundgang. Er dringt ein, macht sich mit der näheren Umgebung vertraut, schlägt ein Standquartier auf und unternimmt von da aus weitere Vorstöße. Diese Methode läßt sich in Bern vortrefflich anwenden. Als Basis dient die Hauptachse Bahnhof–Bärengraben. Alles übrige wird in Seitensprüngen erledigt.

Das Rückgrat der Stadt

Mitten durch die Aare-Halbinsel läuft dieses Rückgrat: Spitalgasse–Marktgasse–Kramgasse–Gerechtigkeitsgasse–Nydeggasse, ein einziger Straßenzug von einheitlicher Erscheinung mit verschiedenen Namen. Oben steht die Heiliggeistkirche, unten – denn das sanfte Gefälle beträgt immerhin zwanzig Meter – die Nydeggkirche. Unterwegs sind verschiedene Akzente gesetzt: der Käfigturm, der Zytglogge, die Kreuzgasse und die Brunnen.

Für Verkehrsplaner ist der *Käfigturm* ein Hindernis. Für den Kunsthistoriker bedeutet er ein interessantes Baudenkmal der Spätrenaissance. Für uns Anfänger ist er ein Anhaltspunkt für die bis 1346 bestehende Stadtgrenze. In seinem frei zugänglichen Innern finden Sie, neben wechselnden Ausstellungen, kostenlos alle Informationen über Bern, sogar in einer Tonbildschau, und durch die Fenster der oberen Stockwerke ergeben sich reizvolle Ausblikkein die Altstadtgassen.

Weltberühmtheit genießt der *Zytglogge*. Er ist – nach dem Bubenbergtor beim Erlacherhof – das zweitälteste aufgehend erhaltene öffentliche Baudenkmal der Stadt und darf von keinem Besucher Berns ausgelassen werden. Man merkt das vor allem kurz vor zwölf Uhr mittags, wenn die Touristen mit steifem Nacken und schußbereiter Kamera den oberen Laubeneingang der Kramgasse verstopfen, während Fremdenführer in vielen Zungen erklären, was nun gleich zu hören und zu sehen sein wird. Sie tun gut daran, denn das, was das weltbekannte, über 300 Jahre alte Spielwerk zu bieten hat, wikkelt sich so rasch ab, daß man ohne geistige Vorbereitung die Hälfte davon verpaßt.
Wenn Sie also an der Ostseite des Turmes stehen und in die Höhe starren, dann behalten Sie den Hahn zur Linken des goldenen Erkers scharf im Auge. Drei Minuten vor der vollen Stunde schlägt er mit den Flügeln und kräht mit heiserer Blasbalgstimme. Nun dreht sich das Karussell mit den sieben bewaffneten Bärlein; der Narr auf seinem luftigen Sitz schlägt zwei helle Glöcklein an; der Bärenreigen läuft aus; der Hahn kräht zum zweitenmal, dicht gefolgt von den vier Schlägen der Viertelstundenglocke. Achten Sie nun auf den bärtigen Herrn, der im Mittelpunkt auf einem Thron sitzt und weder König Barbarossa noch Turnvater Jahn, sondern, wie man sagt, der Zeitgott Chronos ist. Während der Viertelstundenschläge dreht dieser Chronos eine Sanduhr, die er in der Rechten hält, und dies ist das Zeichen für den Mann aus vergoldetem Lindenholz hoch oben im Turm, mit seinem Hammer wuchtig an die Stundenglocke zu schlagen. Unter uns gesagt: er tut nur so, als ob; der erfindungsreiche Erbauer des Werkes hat dafür gesorgt, daß seine Arbeit durch eine versteckte Schlagvorrichtung ausgeführt wird.
Wenden Sie nun aber nicht Ihre volle Aufmerksamkeit diesem Schläger zu, denn fünfundzwanzig Meter tiefer unten geht die Komödie weiter: mit jedem Stundenschlag bewegt Chronos sein Zepter

und läßt senil den Unterkiefer fallen, indes der Löwe rechts vom Erker im gleichen Takt seinen Kopf wendet. Mit dem dritten Hahnenschrei ist alles vorüber.

Sie begreifen nun, wieso die Zwölf-Uhr-Vorstellung das größte Publikum anzieht: sie läßt dem Zuschauer die meiste Zeit, alle diese Einzelheiten zu

beobachten, und ist darum Anfängern dringend zu empfehlen. Vom Sieben-Uhr-Schlag abwärts kommt nur der Kenner auf seine Rechnung; bis zum Zwei-Uhr-Schlag bedarf es fast übermenschlicher Konzentration, und der Ein-Uhr-Schlag ist ausschließlich für solche bestimmt, die gleichzeitig horizontal und vertikal schielen können.
Da Sie nun schon den Blick in die Höhe gewendet haben, können Sie auch die Kalenderuhr betrachten. Man hatte also schon im 16. Jahrhundert Uhren, die nicht nur das genaue Datum, sondern sogar Tierkreiszeichen und Mondphasen angaben.

Zwischen Heiliggeistkirche und Zytglogge liegt «das Rohr». Das Rohr besteht also aus *Spitalgasse* und *Marktgasse,* und seinen Namen hat es bestimmt deshalb, weil beide Gassen beidseitig Laubengänge aufweisen.
Laubengänge – oder, wie man aus dem Munde kultivierter Touristen etwa zu hören bekommt: Arkaden – sind ein städtebauliches Element, das Bern sein einmaliges Aussehen und seinen besonderen Reiz verleiht. Gewiß, man kann auch in Thun, Murten, Zürich oder Lugano streckenweise gegen Sonnenhitze, Regen, Hagel und Schnee geschützt seinen öffentlichen Geschäften nachgehen, aber was sind jene rudimentären Läubchen gegen die 5140 Meter Lauben, die Bern zu bieten hat? Kein Wunder, daß man sich in Bern sofort zu Hause fühlt: man ist ja meist unter einem Dach. Und zwar unter dem Dach eines Privathauses; denn obschon unsere Lauben öffentliche Verkehrswege mit allgemeinem Durchgangsrecht sind, gehören sie zu den Häusern und sind Privatbesitz.
Das Rohr ist eine soziale Einrichtung. In Bern wird «gerohrt», und schon nur das Vorhandensein dieses Tätigkeitswortes beweist die Wichtigkeit des Rohrens.
Dem Fremdling mag das Rohren eher etwas primitiv vorkommen, denn es besteht äußerlich darin, daß man in gemächlicher Gangart auf der erwähnten

Laubenstrecke auf- und abgeht. Wer jedoch die psychische, pädagogische und soziale Seite näher untersucht, wird zugeben müssen, daß weit mehr dahintersteckt.
Psychisch: Der rohrende Mensch wird durch die verhältnismäßige Enge der Lauben und die zur Rohr-Zeit (etwa von 17 Uhr bis 18 Uhr 30) große Bevölkerungsdichte zum langsamen Schreiten gezwungen. Es gibt im Rohr kein hektisches Vorwärtsstürmen, keine Hast, und dies wirkt sich im Zeitalter der Manager höchst wohltuend auf die Seele aus. Man muß sich Zeit nehmen, sich im Strome treiben lassen, man hat Muße, Beobachtungen anzustellen und über dies und jenes nachzusinnen.
Pädagogisch: Das Rohren wird hauptsächlich von Jugendlichen im Entwicklungsalter ausgeübt. Man geht nach der Schule noch rasch ins Rohr, um jemanden zu sehen und im Vorbeigehen errötend zu grüßen, ohne dessen Anblick man das Leben als fad und schal empfinden würde. In einem späteren Stadium wird aus dem scheuen Gruß ein Händedruck, und Gipfel der Wonne ist es, wenn man mit der Person, die man verehrt, gemeinsam rohren darf. Es wäre aber falsch, die Verben «rohren» und «röhren» in einen inneren Zusammenhang zu bringen. In den kühlen Laubengängen herrscht keine Brunst- und Balz-Atmosphäre, alles spielt sich in der Öffentlichkeit, fern von dunklen Gassenwinkeln und buschumstandenen Park-Bänklein ab, und darum möchte ich behaupten, das Rohrenlassen der Kinder sei allen verständigen Eltern wärmstens zu empfehlen.
Sozial: Das Rohr ist der Treffpunkt der Berner. Während man im Straßenverkehr als karossierter Einzelgänger höchst asozial von Ort zu Ort rollt und sich im besten Fall noch vor roten Verkehrslichtern durch die Windschutzscheiben zunickt, ist hier die persönliche Begegnung nicht nur möglich, sondern unvermeidlich. Es ist ja leicht nachzuweisen, daß durch das langsame Pendeln zwischen Heiliggeistkirche und Zytglogge jeder unweigerlich früher

oder später mit jedem zusammentreffen muß, und dies bewirkt, daß die Berner sich kennenlernen. Andererseits erhält jeder Auswärtige, der sich ins Rohr begibt, in kurzer Zeit einen recht vielsagenden Querschnitt durch die Bevölkerung der Stadt, bei dem nur diejenigen Bürger fehlen, welche noch nicht gehen können, und diejenigen, welche dazu zu faul sind. Aber die zählen ohnehin nicht.

Einen Nachteil hat das Rohr allerdings, haben die Lauben überhaupt: sie erschweren oder verunmöglichen die Betrachtung der *Häuserfassaden*. Nun sind aber gerade diese Fassaden etwas vom Schönsten, was man in der Gegend zwischen Nord- und Südpol finden kann; und wer diese Aussage einem überspitzten Lokalpatriotismus in die Schuhe schieben möchte, nehme eine Briefstelle eines gewissen Johann Wolfgang von Goethe zur Kenntnis, der in Weimar zu Hause war und am 9. Oktober 1779 an Frau von Stein über Bern schrieb: «Am 8. Oktober strich ich durch die Stadt. Sie ist die schönste, die wir gesehen haben. Die Häuser in bürgerlicher Gleichheit eins wie das andere gebaut, aus einem graulichen weichen Sandstein. Die Egalität tut einem sehr wohl, besonders da man fühlt, daß nichts leere Dekoration oder Durchschnitt des Despotismus ist.»
Man mag dem Dichter gegenüberstehen, wie man will, aber angesichts dieses Zitats muß auch sein grimmigster Gegner zugeben: «Hier irrt Goethe *nicht*!» Es geht sogar das (von Eckermann allerdings nicht bestätigte) Gerücht, Goethe habe nach dem Besuch von Bern seine Seelenfreundin nur noch «Frau von Sandstein» genannt.
Die einzelnen Häuser des bernischen Hauptgassenzuges (gar nicht zu reden von den Nebengassen) in einem Anfängerbüchlein beschreiben zu wollen, wäre heller Wahnsinn. Es gibt da Gebäude, deren Schilderung allein einen Band von der Dicke eines Adreßbuches füllen würde. Es wäre auch Vermessenheit, wenn ein Anfänger versuchen wollte,

Bäcker

diese Vielfalt in der Einheit beim ersten Anhieb zu erkennen und zu erfassen. Begnügen Sie sich also damit, hier ein prächtiges Wappen, dort ein kunstvolles Fenstergitter, eine Inschrift oder eine Malerei näher zu betrachten, und lassen Sie vor allem das Gesamtbild auf sich wirken.
Und zwischenhinein genehmigen Sie am besten ein Bier oder eine Tasse Kaffee, denn Kunstgenuß in diesem Übermaß ist erschöpfend, und die Inhaber der über dreihundert Restaurants und Tearooms der schweizerischen Hauptstadt wollen auch gelebt haben.

Unterhalb des Zytglogge beginnt *die eigentliche Altstadt,* die sich von hier bis zum Scheitelpunkt des Aare-Bogens hinunterzieht. Verwechseln Sie diese Altstadt bitte nicht mit einem Museum! Wohl stammen diese eindrucksvollen Häuserfluchten der Hauptachse vorwiegend aus der Barockzeit, wohl finden Sie hier und dort gotische Elemente; aber nirgends riecht es nach Mottenkugeln, nirgends steht: «Nicht berühren!»; denn unsere Altstadt ist kein Antiquariat, sondern ganz einfach ein von modernen Menschen bewohnter, von den Vorfahren in gutem Zustand übernommener Stadtteil, der durch kluge Vorschriften in seiner Eigenart bewahrt wurde und wird. Wenn ein baufälliges Haus abgerissen werden muß, kann es ohne weiteres modern, mit geräuschloser Wasserspülung, Plastikböden, elektronischer Waschküche und Stereo-Anlage in jedem Badezimmer neu aufgebaut werden – aber die Fassade und das Dach müssen wieder genau so sein, daß sie sich in Form und Farbe ins Gesamtbild einfügen.
Es gibt Leute, die darüber murren und das alte Sprüchlein vom Rad der Zeit bringen, das sich nicht zurückdrehen lasse. Es sind dies die gleichen Leute, die es nicht begreifen können, daß wir unsere Altstadt nicht «City» nennen, Leute mit Neon- und Plastik-Mentalität, die ohne Wimpernzucken einen Fernseh-Parabolspiegel aufs Münster setzen oder eine

Pipeline durch den Rosengarten legen würden. Sie sind zum Glück in erdrückter Minderzahl.

Wir sind mittlerweile bei der *Kreuzgasse* angelangt, wo die Kramgasse aufhört und die Gerechtigkeitsgasse beginnt. Ein historischer Ort, an dem ein sinnendes Verweilen angebracht ist – daher das Stopsignal.
Hier stand zu jenen Zeiten, da das Recht noch unter freiem Himmel gesprochen wurde, der Richterstuhl. Auch Schandpfahl und Pranger befanden sich an dieser Stelle. An der Kreuzgasse versammelten sich die wehrfähigen Mannen, wenn wieder einmal ein Krieg fällig war; an der Kreuzgasse wurden Schauspiele aufgeführt – man sieht: ehemals der Mittelpunkt der Stadt, und nicht zufällig in der Mitte zwischen Münster und Rathaus.

Ist Ihnen übrigens aufgefallen, wie das bernische Rückgrat, vom Zytglogge aus gesehen, eine elegante Linksbiegung beschreibt? Man kann verschiedene Überlegungen über den Grund dieser Abweichung von der Geraden anstellen. Sie ist nicht durch die Bodengestalt bedingt. Sie ist aber für das Auge schön, auch wenn sie den Schülern, die sich, auf Feldstühlen vor einem Brunnen hokkend, im perspektivischen Zeichnen üben, schwierigere Aufgaben stellt als sture Geradlinigkeit. Und warum sollte man unseren Vorfahren nicht zutrauen, daß sie diesen Schwung ganz einfach wegen seiner Schönheit in den Gassenzug gelegt haben? Jedenfalls kann keiner behaupten, diese Linkstendenz sei politischer Natur.

Auf Ihrem Weg von der Heiliggeistkirche bis zur Nydeggbrücke sind Sie an sieben *Brunnen* vorbeigekommen, und falls Sie sie nicht beachtet haben, müssen Sie dies schleunigst nachholen, denn es gibt wohl keine andere Stadt zwischen Tokio und Pruntrut, deren Brunnen dermaßen sehenswert sind. Ich will Sie nicht mit Einzelheiten belasten;

es ist nett, sie zu kennen, aber für den Genuß des Anblicks keineswegs Bedingung. Es mag Ihnen genügen, zu wissen, daß die Hauptteile der weitaus meisten bernischen Figurenbrunnen aus der Mitte des 16. Jahrhunderts stammen, daß also das, was Sie heute auf Ihren Farbfilm bannen, bereits zu einer Zeit bewundert wurde, da der Berner Stadtpräsident noch Barett und Degen trug.

Damals waren diese Gassenbrunnen noch lebenswichtige Zentren des städtischen Lebens. Sie ersetzten nicht nur die heutigen Installationen des bernischen Wasserwerks und die vollautomatischen Waschmaschinen, sondern auch die Schweizerische Depeschenagentur und den Stadt-Anzeiger; denn es ist nicht anzunehmen, daß die Bernerinnen, während sie ihre Eimer vollaufen ließen, in Schweigen verharrten. Und da viele Brunnen vier Röhren und neben dem Haupttrog noch zwei Sudeltröge aufweisen, also eine Besatzung von vier Wasserholerinnen und zwei Wäscherinnen ermöglichten, darf man füglich annehmen, daß die damalige Unterhaltung ohne weiteres auf den Umfang einer heutigen Lokalzeitung kam.
Der vorsichtige Anfänger wird sich hüten, sämtliche Berner Brunnen im ersten Anlauf verdauen zu wollen. Jedes dieser Kulturdenkmäler verdient längere Betrachtung, denn außer dem Standbild auf der Säule gibt es die Säule mit ihren originellen figürlichen Verzierungen selbst, das Becken, die Röhren und deren Schmuck und allfällige Inschriften zur Kenntnis zu nehmen, und wenn man dann erst noch das Bedürfnis empfindet, die verschiedenen Brunnen miteinander zu vergleichen, wird man nach dreitägigem Brunnenlauf dermaßen verwirrt sein, daß man behauptet, die Gerechtigkeit blase Dudelsack und erwürge einen Löwen.
In Wahrheit ist es natürlich der lustige Mann auf dem *Pfeiferbrunnen* an der Spitalgasse, der sich, in der Gesellschaft einer Gans und eines Äffchens, in malerischer Tracht mit schadhaften Schuhen an einen Baumstrunk lehnt und sackdudelt. Der Löwe hingegen wird nicht erwürgt, sondern ein biblischer Mann in römischer Aufmachung, *Simson* genannt, reißt ihm kraftprotzend den Rachen auf, und dies an der Kramgasse. Die *Gerechtigkeit* schließlich, unten an der Gerechtigkeitsgasse, braucht ihre Hände zum Halten von Schwert und Waage, und damit sie weder schiele noch auf falschen Rat höre, trägt sie Augenbinde und Ohrenklappen.

Nehmen Sie bei dieser Gelegenheit bitte gerade noch zur Kenntnis, daß der Gerechtigkeitsbrunnen bei den Kunstkennern als die Krone aller bernischen Brunnen gilt. Wenn Sie also nur für einen Zeit haben, so wissen Sie jetzt, welchen Sie anpeilen müssen. Sollten Sie dabei anstelle der Justitia eine leere Säule vorfinden, dann sind Sie Augenzeuge eines niederträchtigen Frevels: Die 1543 geschaffene Figur wurde in einer Oktobernacht des Jahres 1986 in feiger Heimlichkeit zerstört.
Steht die Gerechtigkeit jedoch wieder an ihrem Platz, dann zeigt Ihnen diese Statue, wie meisterhaft unsere Bildhauer die plastischen Kunstwerke des 16. Jahrhunderts zu kopieren verstehen – und wie sinnlos der Anschlag auf diese herrliche Brunnenfigur war.
Es gibt in Bern elf auf das 16. Jahrhundert zurückgehende Figurenbrunnen, gar nicht zu reden von den vielen nichtfigürlichen Brunnen und den Schöpfungen der Neuzeit. Sie alle ausführlich zu beschreiben, würde, wie man so schön sagt, den Rahmen dieser Publikation sprengen. Beschränken wir uns also auf eine kurze Erwähnung der übrigen prominenten Figuren. *Anna Seiler* steht nahe beim Käfigturm an der Marktgasse. Ob sie wirklich Anna Seiler, die Gründerin eines Spitals im 14. Jahrhundert, ist, bleibe dahingestellt. Man sagt auch, diese Figur stelle die Temperantia, die Mäßigung, dar. Es scheint nämlich, daß sie aus einem Krug Wasser in eine Weinschale gießt – eine Tätigkeit, die früher als löblich galt, heute dagegen einen Wirt das Patent kosten kann. Wir wollen hier nicht zuviel grübeln; bei näherem Zusehen entdecken wir ohnehin, daß es gar nicht ein Wasserstrahl, sondern nur ein gebogener Metallstab ist.
Weiter unten an der Marktgasse erhebt sich der *Schützenbrunnen*. Der Schütze, in der Rechten sein Fähnlein haltend, blickt dermaßen fasziniert zur Anna Seiler hinüber, daß er gar nicht bemerkt, wie das Bärlein zwischen seinen Beinen sich der Flinte bemächtigt hat und fahrlässig auf Vorübergehende

zielt. Ein schlechtes Beispiel für die Berner Jugend; und darum steht auf dem Kornhausplatz der *Kindlifresser,* ein scheußlicher Riese, der auf eindrückliche Weise zeigt, was mit unfolgsamen Kindern geschieht. Daß von den acht Knirpsen, von denen er gerade einen in den Mund steckt, ein anderer entwischen kann und daß von den sieben Bärchen, die um seine Säule marschieren, zwei wiederum mit Musketen ausgerüstet sind, ist zwar nicht sehr pädagogisch, aber sympathisch.

Oben an der Kramgasse steht der *Zähringerbrunnen*. Erwarten Sie nicht ein Standbild des Stadtgründers – es ist nämlich ein Bär. Ein gepanzerter, kriegerisch geschmückter Bär mit dem Löwenwappen der Zähringer auf Banner und Schild. Und was höckelt zu seinen Füßen? Ein Bärlein, das Trauben frißt. Sie beginnen allmählich zu merken, warum man Bern die Bärenstadt nennt...
Um es nämlich vorwegzunehmen: auch die Stützfigur des *Läuferbrunnens,* auf dem Läuferplatz bei der Untertorbrücke, der einen Berner Stadtläufer – den Vorläufer der PTT – zeigt, ist ein Bärlein, diesmal mit Spieß und Dolch bewehrt. Und raten Sie einmal, was das für ein putziges Pelztierchen ist, das sich ans rechte Bein des bärtigen *Venners* auf dem Rathausplatz klammert und auf dem *Ryfflibrunnen* an der Aarbergergasse zu Füßen des ebenso bärtigen Armbrustschützen eine Muskete lädt? Nun, das sind alles Einzelheiten, die Sie selber entdecken müssen, und wenn Sie zur Abwechslung einmal einen bärenlosen Brunnen sehen wollen, dann machen Sie doch einen Abstecher auf den Münsterplatz, wo *Moses* auf seinem Sockel zwei Steintafeln mit den Zehn Geboten hochhält, wobei die Zehn Gebote zwar nicht wörtlich ausgeführt, sondern, wie wir uns das ja auch von amtlichen Verfügungen her gewohnt sind, nur durch numerische Paragraphenbezeichnung angedeutet sind.
Das Wort Abstecher ist gefallen, und wir erinnern uns – im Bewußtsein unserer Inkonsequenz leicht errötend –, daß uns diese Brunnengeschichte von der Hauptachse abgebracht hat. Darum noch einmal: beschränken Sie sich zuerst auf das Rückgrat der Stadt, bummeln Sie beobachtend vom Bahnhof zur Nydeggbrücke, von der Nydeggbrücke zum Bahnhof. Sie brauchen dazu, wenn Sie gleichmäßig bummeln, in jeder Richtung 31 Minuten 26 Sekunden. Durch Aufenthalte vor Schaufenstern (was vor allem bei den vielen Antiquariaten unterhalb des Zytglogge durchaus verständlich wäre) benötigen Sie leicht die fünffache Zeit. Macht

nichts, denn Bern ist eine gemütliche Stadt und kann nicht im Eiltempo erobert werden.
Erst dann, wenn Sie das Rückgrat kennen, empfehle ich Ihnen, Neuland zu betreten. Es geschieht dies am besten durch die in den nächsten Abschnitten beschriebenen, von der Hauptachse aus gemachten Seitensprünge.

Seitensprung Nummer 1: Die Riviera

Durch die Begehung des Rohrs innerlich gereift und mit Bern ein wenig vertraut, wagen Sie sich jetzt auf eine Route, die völlig neue Aspekte zeigt. Der Gang durch die Lauben und Gassen, in denen die Natur nur in Form von Schnittblumen, Gemüse und Geraniumstöcklein vertreten ist, mag in Ihnen den Eindruck erweckt haben, Bern sei eine naturlose Sandsteinkonstruktion. Wie fallen Ihnen nun die Schuppen von den Augen, wenn Sie sich, wieder am Ausgangspunkt Ihrer Forschungsreise, nicht östlich durch die Lauben der Spitalgasse, sondern südlich durch die Christoffelgasse wenden! Nach wenigen Schritten schon befinden Sie sich in der Anlage der *Kleinen Schanze* mit dem Weltpostdenkmal, und wenn Ihnen hier beim Anblick der von unseren Stadtgärtnern mit Liebe und Pensionsberechtigung gepflegten Rasenflächen und Blumenbeete unter hohen Bäumen nicht ein «Oh!» entfährt, sind Sie entweder blind oder blasiert.
Warum aber Riviera? Nun, das werden Sie gleich merken. Sie haben mittlerweile nämlich festgestellt, daß die Kleine Schanze tatsächlich eine Schanze ist, indem sie gegen Süden steil abfällt, und daß man, wenn man sich jetzt nach links wendet, auf eine lustbetonte Promenade gerät, die unter zuchtvoll beschnittenen Kastanienbäumen an der Süd kante der Oberstadt dahinführt. Tief unten sehen Sie das Marzili-Quartier an der Aare; Sie kommen auch an der Bergstation der Marzili-Drahtseilbahn

vorbei, die Ihnen für wenig Geld das alpine Abenteuer der Überwindung eines Höhenunterschiedes von 33 Metern vermittelt. Sie blicken hinüber gegen das Kirchenfeld-Quartier, bei klarem Wetter überragt von den auf Ansichtspostkarten immer vorhandenen Alpen, und plötzlich stehen Sie auf der breiten, links von einem südlich anmutenden Kolossalgebäude und rechts von einer breiten Steinbrüstung begrenzten *Bundesterrasse*. Wenn es nun noch richtig heiß ist und der Himmel unbewölkt und die Aare blau, dann sehe ich wirklich kaum einen Unterschied zwischen dieser Promenade und einer Hotelterrasse in Monte Carlo – höchstens, daß der Palast in Ihrem Rücken nicht ein Spielcasino, sondern ein Regierungsgebäude ist: *das Bundeshaus*.

Nennen Sie mir bitte ein Regierungsgebäude, das eine ähnliche Aussicht bietet! In den meisten Ländern sehen die Landesväter, wenn sie sich überhaupt ans Fenster wagen, nur einen Park oder einen Platz, auf dem sich bei besonderen Anlässen das Volk zu Ovationen zusammenrottet. Unsere Landesväter sehen durch die Nordfenster das Volk auch, an Markttagen sogar das Landvolk; durch die Südfenster aber geht ihr Blick auf die Schneeberge, wo manchmal das Abendrot ein Schweizer Kreuz auf die weiße Flanke der Jungfrau zaubert, und das mahnt sie immer wieder an etwas, das wichtiger zu nehmen ist als Menschengetriebe und Marktgetümmel, etwas, das etwa in Bundesfeierreden zum Ausdruck kommt und von uns unpathetischen Helvetiern kaum offen zugegeben, im Grunde aber tief empfunden wird.
Das Parlamentsgebäude mag in seiner Mischung von Kreml, Milaneser Bahnhof, Palazzo Strozzi und Tadsch Mahal kein Wunderwerk der Architektur sein, aber es ist nun einmal so, man hat sich daran gewöhnt, und solange es auf seiner zentralen Kuppel das Kreuz und nicht ein anderes, minderwertiges Symbol trägt, wollen wir damit zufrieden sein.

Seitensprung Nummer 2: Männer hinter Gittern

Wieder vom Rohr ausgehend, wenden Sie sich beim Käfigturm gen Norden. Vor Ihrem staunenden Blick breitet sich der *Waisenhausplatz* aus. Hier war früher, als die Stadt nur bis zum Käfigturm reichte, der Stadtgraben. Sie bemerken, wenn Sie geradeaus schauen, als nördlichen Abschluß des Platzes einen stattlichen Bau in spätbarockem Stil. Treten Sie näher. Bewundern Sie das schön geschmiedete Gittertor und das Berner Wappen über dem Portal. Blicken Sie zwischen den Gitterstäben durch. Was beherbergt dieses Gebäude? Aus dem Namen des

Platzes ziehen Sie scharfsinnig den Schluß, daß es ein Waisenhaus sein könnte. Dies hätte bis zum Jahre 1938 der Wahrheit entsprochen. Jetzt aber ist daraus eine Polizeihauptwache geworden. Hier laufen die Sehnerven des gesetzlichen Auges zusammen. Hier lauert die Sicherheits- und Kriminalpolizei auf Gesetzesbrecher. Hier werden Bußenzettel alphabetisch geordnet, Verbrecher-Alben nachgeführt und Haftbefehle ausgeheckt. Und all dies im harmlosen Rahmen eines spätbarocken Waisenhauses! Irreführung des Feindes? Nun ja, Sie haben nichts zu befürchten, es sei denn, Sie hätten Grund, unsere Hüter der Ordnung zu meiden. Sonst aber, verlassen Sie sich darauf, ist die Berner Polizei recht umgänglich, tolerant und gutmütig. Der normale, pflichtbewußte Bürger hat allen Grund, diese wackere Truppe zu achten, die weiß Gott keine leichte Aufgabe zu erfüllen hat. Wer sie bei ihrer Arbeit beobachtet, wie sie in abgasverseuchten Gassen die Verwilderung des Verkehrs aufzuhalten versucht, wie sie sich von Verkehrssündern belügen und von Demonstranten beschimpfen lassen muß, ohne die Selbstbeherrschung verlieren zu dürfen, wer sieht, wie sie an Stammtischen und in den Medien von inkompetenten Besserwissern und Spöttern kritisiert wird, der beginnt einzusehen, daß der Name Waisenhaus vielleicht doch nicht so ganz fehl am Platz ist.
Möge das benachbarte Kunstmuseum für unsere Stadtpolizei ein tröstliches Sinnbild sein: Auch bei Künstlern merkt die Welt oft erst viel später, wieviel sie ihnen zu verdanken hat.

Seitensprung Nummer 3: Hinten herum

Vom Zytglogge abwärts erstreckt sich bekanntlich die eigentliche Altstadt. Von hier aus führen alle Wege zum Scheitelpunkt des Aarebogens bei der Nydegg. Die Hauptader kennen wir bereits; nun geht es darum, die Nebenadern und Kapillaren zu erforschen.

Der dritte Seitensprung bringt uns in die nördliche Halbinselhälfte. Am besten dringt man vom *Kornhausplatz* her ein, dem das *Kornhaus,* das heute auch kein Kornhaus mehr ist, seinen Namen gegeben hat. Eine bestimmte Route möchte ich Ihnen nicht vorschreiben; es ist nun Zeit, daß Sie etwas selbständiger werden. Erforschen Sie also auf eigene Faust die nach Mittelalter riechenden Lauben der *Rathausgasse* und der *Brunngasse.* An den Fassaden werden Sie manch Bemerkenswertes entdecken. Was, sage ich nicht. Früher oder später stoßen Sie dann unweigerlich auf den Rathausplatz, und das ist wiederum ein Erlebnis.

Den Vennerbrunnen kennen Sie bereits, den überspringen wir. (Bitte nicht wörtlich nehmen!)

Über das *Berner Rathaus* gibt es genug einschlägige Literatur. Nur soviel: es wurde 1406–1417 erbaut, verschiedene Male verändert und erweitert, 1865 durch eine Außenrenovation verschandelt und 1939–1942, also mitten im Zweiten Weltkrieg, in seiner alten schlichten Schönheit wieder hergestellt. Preisen Sie sich also glücklich, daß Sie nicht zwischen 1865 und 1939 hierhergekommen sind.

Ich möchte Ihnen nun empfehlen, zwanglos dem Gefälle der Gasse zu folgen. Irgendwie gelangen Sie so zur *Nydegg,* einer sehr denkwürdigen Stelle, denn hier, im Hof neben der alten Kirche, finden Sie außer der Bronzestatue des Stadtgründers auch einige Mauerreste und den restaurierten Sodbrunnen der Burg Nydegg, die sich zur Gründungszeit hier erhob und um 1265 zerstört wurde.

Nur noch soviel: am *Nydeggstalden,* am *Läuferplatz* bei der *Untertorbrücke* (dem ältesten Flußübergang Berns) und in deren Umgebung können Sie sehen, wie man bei uns keine Kosten scheut, wenn es darum geht, die Altstadt in ihrer einzigartigen Form zu bewahren. Diese uralten Sandsteinhäuser sind neu, unter den unregelmäßigen Giebeln liegen moderne Wohnungen. Sagen Sie nicht, man hätte mit armiertem Beton und Well-Eternit billiger und zweckmäßiger bauen können – es wäre dies ein trauriges Zeugnis für Ihr Unvermögen, bernisches Fühlen und Denken zu verstehen.

Seitensprung Nummer 4: Der Bärengraben

Sie finden ihn jenseits der *Nydeggbrücke* und können es sich nicht leisten, ihn auszulassen. Mit Zeitglocken und Münster zusammen gehört er zum obligatorischen Pensum des Touristen. Außerdem kostet dieser Besuch nichts, es sei denn, Sie stiften den Bären einige Rüebli oder ein Päckli Feigen. Aber bitte keinen Zucker! Er schadet ihren Zähnen, und nicht einmal der städtische Schulzahnarzt, der doch an allerhand Widerstand gewöhnt ist, würde sich dazu hergeben, einen Bärenzahn zu plombieren.
Man hat in Bern schon im 15. Jahrhundert Bären gehalten. Schließlich ist der Bär unser Wappentier. Das geschah aber nicht in der jetzigen Anlage, die erst seit 1857 besteht, sondern in Stadtgrabenabschnitten, so zum Beispiel von 1513 bis 1763 beim Käfigturm. Damit wissen Sie nun auch, wieso jener Platz Bärenplatz heißt.
Im heutigen Graben, am Fuße des Muristaldens, leben zwischen fünfzehn und zwanzig dieser Pelztiere, von denen keines je die Freiheit gekannt hat. Sie gedeihen vorzüglich und langweilen sich nie; dafür sorgen die ungezählten Touristen, die sich täglich übers Geländer beugen. Es soll ältere Bären geben, die verschiedene Fremdsprachen beherrschen, und solche, die nicht nur eine Polaroid von einer Nikon,

sondern sogar eine Nikon von einer Minolta unterscheiden können. Andere amüsieren sich damit, ihren gebannten und entzückten Zuschauern Kunststücke vorzuführen, die einem normalen Bären nie in den Sinn kämen, und ihnen auf diese Weise gänzlich falsche zoologische Begriffe zu vermitteln. Die jungen dagegen kümmern sich wenig um das Geschehen oberhalb der Mauer. Sie baden und klettern und jagen sich und sind so drollig wie ihre plastischen Nachahmungen auf den Brunnen.

Seitensprung Nummer 5: Die Südhälfte

Unter Südhälfte erlaube ich mir alles zu verstehen, was zwischen der bekannten Achse Nydegg–Zytglogge und der südlichen Aare liegt. Ein sehr ausgedehntes Areal also, und wiederum sehe ich mich aufatmend gezwungen, es Ihnen zu überlassen, sich darin zurechtzufinden. Sie werden vielleicht schon in der Kram- und Gerechtigkeitsgasse die engen, nach Süden führenden Gäßchen bemerkt haben, die geheimnisvoll finster und fast ein wenig genuesisch sind; jetzt dürfen Sie diese benützen.

Sie können aber auch von der Nydegg her durch die aristokratische *Junkerngasse* einsteigen und im Vorübergehen den *Erlacherhof* besuchen. An diesem spätbarocken Herrenhaus werden Sie, gelb vor Neid, sehen, wie viel Lebensraum einer wohlhabenden Familie im 18. Jahrhundert zur Verfügung stand. Heutzutage würde man aus dem Treppenhaus allein eine Vierzimmerwohnung machen. Und vielleicht fällt Ihnen noch etwas auf: jedermann kann von den Lauben aus ungehindert in den Hof blicken. Die Gnädigen Herren scheinen also keinen Grund gehabt zu haben, sich dem Blick der Passanten zu entziehen.
Diese Residenz gehörte anfänglich also der Familie von Erlach. Dann aber erlebte sie manchen Wechsel. Erst ging sie an einen Großmetzger und an einen Kaufmann über; 1798 wurde sie von den Franzosen beschlagnahmt, und als sich die Schweiz dann endlich zum Bundesstaat durchgemausert hatte, siedelte sich darin der frisch ausgeschlüpfte Bundesrat an, bis sein eigener Palast fertig war. Seither beherbergt der Erlacherhof Teile der Stadtverwaltung, und das ist unseren Beamten zu gönnen und auch für die Bevölkerung von Vorteil; denn die sonnige Lage dieses aristokratischen Wohnsitzes wirkt sich unweigerlich auf die Gemüter seiner Insassen aus.
Wandern wir weiter bis zum *Münster,* das wir bis zum Schluß aufgespart haben. Wohl sind Sie, falls Sie meine Anweisungen strikte befolgt haben, bereits auf seinem Turm gestanden; nun aber geht es darum, dieses gotische Bau- und Wunderwerk nicht als Aussichtswarte, sondern als Kunstdenkmal zu betrachten. Die Betrachtung des in Stein gehauenen Jüngsten Gerichts über dem Mittelportal dürfte einige Zeit beanspruchen. Dann treten Sie in den hohen, kühlen Raum, um Fenster und Chorgestühl anzusehen. Dazu brauchen Sie dieses Büchlein nicht, denn es gibt Orte, an denen leichtfertige Worte und ironische Witzeleien fehl am Platz sind. Das Berner Münster ist ein solcher.

Gaumenfreuden

Man kennt Ortschaften, die man um des Gaumens und des Verdauungstraktes willen aufsucht, Ortschaften, die dem Feinschmecker Einmaliges bieten. Man schwört auf die Bouillabaisse von Marseille, auf die Sachertorten von Wien und auf den Nougat von Montélimar – aber bitte, was ist das für eine seltsame Berühmtheit? Der Berner würde sich schämen, seine Stadt nur im Zusammenhang mit einer gastronomischen Besonderheit genannt zu hören und unter seinen Besuchern nur leberkranke Dickbäuche und Schleckmäuler zu wissen, die suchend den Wirtshausschildern und Konfiserien entlanggehen! Die Stadt Bern ist eine ganze Wohnung, nicht nur eine Küche, und wer sich nicht auch an Wohnzimmer, Studierstube und Balkon erfreuen will, bleibe ihr lieber fern!
Dies bedeutet nun aber nicht, daß die Berner Küche nicht auch ihre Spezialitäten hat. Nur hängt sie sie nicht an die große Glocke.

Wollen Sie einige Kostproben?

Man nehme fünf weichgekochte Kartoffeln, ein zünftiges Stück Fett, ein ebensolches Stück Butter und zwei Prisen Salz. Das ist alles. Die erkalteten Kartoffeln werden geschält, grob geraffelt, gesalzen und unter mehrmaligem Wenden so lange gebraten, bis sie eine rotbraune Kruste haben.
Resultat: eine *Rösti*. Französisch heißt das Gericht «rösti», und schon diese Unübersetzbarkeit ist ein deutlicher Hinweis darauf, daß wir es hier mit etwas typisch Bernischem zu tun haben.

Vielleicht ist Ihnen aufgefallen, wie einfach dieses Rezept ist, wie schlicht sein Hauptelement, die Kartoffel. Dies ist wohl überhaupt ein Kennzeichen unserer Küche: sie ist ländlich einfach, mit viel Gemüse, und sicher nicht so raffiniert wie die cuisine française, aber nichtsdestoweniger reichhaltig und nahrhaft. Bestes Beispiel dafür ist die *Bärner Platte,* ein wahres Monument bernischen Überflusses. Ihren Kern bildet, je nach Jahreszeit, entweder ein Hügel von Sauerkraut (hier Surchabis genannt) oder ein Haufen Bohnen. Darauf und darum herum gruppieren sich verschiedene Delikatessen, deren bloßer Duft die Magensäfte jedes normal empfindenden Menschen zum Sprudeln bringt: Schweinsrippchen, Speck, dicke Wurstscheiben, Salzkartoffeln. Wer nach der Vertilgung dieses Berges noch eine Meringue von 500 Kubikzentimetern Inhalt zu essen imstande ist, hat seinen Kaffee mit Kirsch oder Pflümliwasser redlich verdient.

Wenn wir schon vom Alkohol reden: Bern hat auch seine eigenen *Weine,* hauptsächlich weiße. Sie wachsen zwar nicht in der Stadt, obschon wir früher an sonnigen Südhängen auch Rebberge hatten, aber doch auf bernischem Territorium: im Gebiet der Juraseen und am Thunersee. Als Besucher unserer Stadt sollten Sie mindestens einmal anstandshalber eine Flasche davon versuchen, sei es nun Twanner, Schafiser oder Erlacher. Gewisse andere Sorten finden Sie vielleicht etwas sauer. Wenn dem so wäre, hätten Sie nicht ganz unrecht.

Erwähnen wir noch den *Zwiebelkuchen,* der auch zu den kulinarischen Traditionen Berns gehört. Die Zwiebel ist in Bern, wenn nicht gerade ein Kultgegenstand, so doch eine höchst geschätzte Speisezutat. Dies zeugt von edler Gesinnung, denn die Zwiebel ist, botanisch gesehen, eine direkte Verwandte von Lilie und Türkenbund.
Alljährlich am vierten Novembermontag findet der *Zibelemärit* statt. An diesem festlichen Tag werden von den Bauern der näheren und weiteren Umgebung an etwa dreihundert Marktständen rund vierzig Tonnen Zwiebeln als Wintervorrat an die Stadtleute abgestoßen. Dies ist der Hauptzweck des Zibelemärits, der – wenn man vom jüngeren Jugendfest und von der noch einmal jüngeren Fasnacht absieht – das einzige lokale Fest der Bundesstadt darstellt. Daneben findet dann auch noch eine Warenmesse mit dem üblichen Rummeltreiben statt, und am späteren Nachmittag toben in der Spitalgasse lärmige und bewegte Konfettischlachten, die zwar weniger spektakulär wirken als der Karneval von Rio, dem bernischen Temperament aber völlig genügen. Hauptsache ist schließlich, daß man genug Zwiebeln im Keller hat; und dies feiert man denn auch am Abend, zu Hause oder im Restaurant, hinter einem duftenden Stück Zwiebelkuchen. Dann desinfiziert man den Mund mit Alkohol und tanzt bis in den Morgen hinein – falls man nicht schon nach dem schwarzen Kaffee zu Bett gegangen ist, um am folgenden Morgen wieder leistungsfähig zu sein; gilt es doch, die vielen so leichtfertig verschleuderten Konfetti sorgfältig aus Kleidern, Haaren und Teppichen zusammenzusuchen und für den nächsten Zibelemärit beiseite zu legen.
Was bernische *Süßigkeiten* betrifft, will ich die Spezialitäten einzelner Konfiserien (die übrigens gerade am Zibelemärit wahre Wunderwerke von Gemüse-Imitationen aus Marzipan herstellen) beiseite lassen und nur den einen Leckerbissen erwähnen, der schon seit Jahrhunderten in unserer Stadt zuhause ist: den *Lebkuchen.*

Das Rezept, das zwar nicht so ängstlich geheimgehalten wird wie das der Basler Leckerli und des Glarner Schabziegers, kann ich Ihnen nur deshalb nicht verraten, weil ich es selber nicht kenne. Es ist anzunehmen, daß Mehl dazu gehört, sehr wahrscheinlich auch Honig. Ferner riecht es nach Zimt und anderen Gewürzen. Entscheidend an diesem Backwerk aber ist für uns der weiße Bär, der in Zucker auf die lackierte Oberfläche gegossen ist.
Solche Bärenlebkuchen, die sich vorzüglich als Geschenk oder Souvenir eignen, schmecken am besten, wenn man sie sorgfältig spaltet und mit einer Butterschicht füllt. Ohne diese Vorsichtsmaßnahme kann es geschehen, daß Ihnen nach dem ersten Biß eine Staubwolke aus der Nase fährt.
Neben dieser Volksausgabe sind auch die Luxus-Lebkuchen mit Reliefdrucken von Bären oder Stadtansichten erhältlich. Ihre Haselnußfüllung macht sie zu einer Delikatesse, treibt aber natürlich auch den Preis in die Höhe. Außerdem sind sie künstlerisch so schön gestaltet, daß man sich ganz barbarisch vorkommt, wenn man hineinbeißt.
Natürlich beißt man trotzdem hinein.

Bern von hinten

Die Urzeit

Im Stichjahr 131 796 259 vor Christus war die Gegend von Bern von Mollusken bewohnt. Später kamen die Kelten, dicht gefolgt von den Römern, die auf der Engehalbinsel nördlich der heutigen Stadt eine Badeanstalt und ein Theater errichteten und sich herrenmäßig aufführten. Als sie wieder abgezogen waren, deckte man ihre Kulturdenkmäler mit Humus zu, um sie erst in unserer Zeit wieder bloßzulegen.
Doch ich will nicht vorgreifen.

Die Gründungszeit

An der Wiege unserer Stadt steht weder eine menschensäugende Wölfin noch ein geköpfter Heiliger, sondern ein realistisch denkender Herzog namens Berchtold von Zähringen, der im Jahre 1191 aus strategischen Erwägungen zum Entschluß kam, auf der Aarehalbinsel, wo bereits die Reichsburg Nydegg stand, eine Stadt zu gründen. Er brauchte nämlich zwischen Burgdorf und Freiburg einen Brückenkopf.

Wie es damals auf jener Halbinsel ausgesehen hat, wissen nicht einmal mehr die ältesten Berner aus eigener Erfahrung zu berichten. Jedenfalls war dort nicht viel los. Eine Burg, eine Landungsstelle für Schiffe, ein paar Häuser, und im übrigen wahrscheinlich nichts als Eichenwald mit Wildschweinen, Bären und anderem Getier. Keine Brücken, keine Telephonkabinen, keine Parkingmeter. Also eigentlich furchtbar altmodisch.
Berchtold von Zähringen ließ nun eine Stadt anlegen, die von der Nydegg bis zum Zytglogge reichte, was bei der damaligen Bevölkerungsundichte und dem Fehlen jeglicher Landflucht ein kühnes Unternehmen war. Das Areal wurde denn auch nur nach und nach von Häusern aufgefüllt, der Grundstückpreis lag sehr tief, und von Wohnungsknappheit war nicht die Rede. In dieser Hinsicht hat sich in den letzten acht Jahrhunderten manches geändert.
Die These, daß Berchtold von Zähringen nicht Herzog, sondern Zuckerbäcker gewesen sei, läßt sich nicht aufrechterhalten. Wohl sieht man noch heute an der Westseite des Zytglogge eine Inschrift, auf der er «conditor» genannt wird, doch neigt die moderne Forschung eher zur Ansicht, daß dies das lateinische Wort für «Gründer» ist.

Daß die Stadt den Namen Bern erhielt, sieht man heute an den Ortstafeln, am Bahnhof und an der Post. In alten Chroniken aber steht, die Aarehalbinsel habe früher «im Sack» geheißen und Berchtold habe sie nach dem ersten ihm über den Weg gelaufenen und von ihm erlegten Tier, einem Bären, umbenannt. Tatsächlich findet der aufmerksame Besucher an der Umfriedungsmauer des Bärengrabens eine sehr alte, in der nahen Schoßhalde gefundene Steintafel mit der Inschrift: «erst bär hie fam», was mit «Hier fingen wir den ersten Bären» zu übersetzen ist. Demgegenüber deuten gewisse Historiker den Namen Bern ganz einfach als deutsche Form von «Verona», während andere,

lebhaft unterstützt vom Wirteverein, darin eine Ableitung aus dem lateinischen Wort «taberna» (= Wirtshaus) sehen.
Wir sind da auf Vermutungen angewiesen, doch ändert das nichts daran, daß der Bär von Anfang an unser Wappentier war. Daß er in unserer Gegend schon immer populär war, bezeugt unter anderem eine keltische Bärengöttin aus Bronze, die in Muri gefunden wurde.
Da Berchtold von Zähringen vor lauter Städtegründen sein Geschlecht aussterben ließ, wurde Bern nach seinem Tode reichsunmittelbar (was immer das bedeuten möge) und begab sich unter savoyische Schutzherrschaft. Gleichzeitig dehnte es sich bis zum Käfigturm aus.

Das gute alte Bern

Es fiel allenthalben auf, wie rasch diese einst so unbedeutende Siedlung zur Blüte kam. Dies verdankte sie einerseits dem klugen Walten ihrer Regierung, die von Anfang an demokratisch war, und andererseits ihrem territorialen Wachstum. Letzteres wurde gefördert a) durch Kriege, b) durch Kauf.

Die Kriege waren natürlich unangenehm und wurden nach Möglichkeit vermieden. Da sich aber gewisse politische Mächte zum Ziel gesetzt zu haben schienen, Bern am weiteren Aufstreben zu hindern, blieb zuweilen nichts anderes übrig. Dabei zeigte es sich, daß es unter den Führern der Stadt ausgezeichnete Feldherren gab, die sich nicht einmal vor den habsburgischen Heerscharen fürchteten und diese sozusagen regelmäßig in die Flucht jagten. Das förderte das Selbstbewußtsein der Berner und gewann ihnen viele Freunde, und angesichts des ausgezeichneten Rufes, den Bern genoß, könnte man sich geradezu fragen, ob eigentlich im Jahre 1353 Bern in den Bund der Eidgenossen aufgenommen worden sei oder ob sich nicht vielmehr die Eidgenossen Bern angeschlossen haben. Doch wir wollen nicht grübeln.

Die zweite Methode war, wie gesagt, der Kauf. Auch diese verstand man im Berner Rathaus gut anzuwenden. Es gab damals, wie heute, viele Adelige, die bis über die Ohren in Schulden steckten und froh waren, ihren Besitz verpfänden zu können. In solchen Fällen war Bern stets zu haben, und wie es dann so geht: eines Tages gehörte das verpfändete Gebiet zu Bern, weil der frühere Besitzer Pleite gemacht hatte.

Man könnte diese Art der Gebietserweiterung unheroisch nennen und hätte damit gar nicht so unrecht; doch ihr nüchterner Sinn hat die Berner zu allen Zeiten nur dann zu Kriegshelden werden lassen, wenn es nicht anders ging – dann aber machten sie, wie diverse Denkmäler und Beinhäuser noch heute bekunden, ihre Sache recht.

Die Großmacht Bern

Ich will Sie nicht mit all den Einzelheiten überfüttern, die Bern zu einer richtigen Großmacht werden ließen – glauben Sie mir einfach, daß es so war. Man kannte den Namen unserer Stadt in London, Rom und Paris und hätte ihn sicher in Washington mit Respekt genannt, wenn die Indianer damals schon etwas von Europa gewußt hätten. Jedenfalls war es so, daß man an den Fürstenhöfen Bern als den Träger der eidgenössischen Außenpolitik betrachtete.

In den eroberten Gebieten setzte die Berner Regierung Landvögte ein. Wer heute von Landvogt spricht, denkt an Geßler. Das führt zu einer unrichtigen Vorstellung. Die bernischen Landvögte waren keine Blutsauger, sondern geschätzte, pflichtbewußte Regierungsvorsteher, denen das Wohl des Staates und seiner Untertanen am Herzen lag. Einige Ausnahmen bestätigen nur die Regel. Überhaupt wird von schnöden Ignoranten immer wieder mit Geringschätzung von den «Gnädigen Herren» gesprochen – aber damit tut man diesen Patriziern in 99 von 100 Fällen Unrecht. Es dürfte manchen heutigen Staatsbeamten interessieren, daß diese Führer in Krieg und Frieden, die ohne Zaudern ihr Leben für die Untertanen einsetzten, nie ein Spesenbüchlein führten und zum Teil im Dienst an der Allgemeinheit grausig verarmten, daß es jene Gnädigen Herren waren, die den Lebensstandard der Landbevölkerung hoben, und daß die Berner Regierung es sich schon bald und ohne Verpflichtung zur Regel machte, vor allen wichtigen Entscheidungen die Landgemeinden um ihre Meinung zu fragen.

Die Reformation

Daß sich Bern im 16. Jahrhundert der Reformation anschloß, bezeugen noch heute einige Reformhäuser im Stadtgebiet.

Die Reisläuferei

Es war in jenen fernen Zeiten Mode, mangels eigener Kriege den Solddienst in der Fremde zu suchen. Viele solche Kriegszüge führten in die Reis-Ebenen Oberitaliens; daher der Name Reisläuferei. Die Regierung hatte ihre liebe Not, die jungen Abenteurer, denen das rauhe Landsknechtleben gar wohl gefiel, zurückzuhalten, und zu gewissen Zeiten versuchte sie es überhaupt nicht mehr.
Nach der Schlappe von Marignano (siehe Bildreportage von Ferdinand Hodler) verging vielen die Lust zu solchen Gesellschaftsreisen; aber trotzdem sah man immer wieder Berner auf fremden Schlachtfeldern, zum Teil sogar von der Regierung bewilligte Kontingente unter der Führung prominenter Aristokraten.

Der Niedergang

Auch in der Eidgenossenschaft stimmte leider nicht alles. Das sonst so praktische Sprichwort: «Was sich neckt, das liebt sich» hilft hier wenig, denn die Neckereien unter den Kantonen arteten mehr als einmal in Krieg aus, und wenn ein Krieg gegen Bundesgenossen gerichtet ist, hört jedes Vergnügen auf. Eine Spaltung entstand, Unruhen brachen allerorten aus, die sogenannte Aufklärung verbreitete Ideen, die nicht so recht zu den bisherigen Auffassungen passen wollten, und zu alledem brach nun noch im benachbarten Frankreich eine Revolution aus, von der auch viele Schweizer angesteckt wurden, die nun plötzlich fanden, es sei eigentlich haarsträubend, daß nicht alle Bürger gleiche Rechte hätten. Von gleichen Pflichten sagten sie wohlweislich nichts.

Und nun kam da jenseits der Grenze plötzlich ein korsischer Militärkopf namens Bonaparte ans Ruder, der auf Eroberungen versessen war. Sein Blick fiel auch auf die Schweiz, in der es, wie oben gemeldet, bereits gärte. Er sah es also recht gern, daß die Waadtländer ihr Untertanenverhältnis zu Bern nicht mehr liebten und «An die Laternen mit den Aristokraten!» schrien. Weniger gern hörten das die damit Gemeinten. Man beriet im Berner Rathaus, was zu tun sei, und redete dabei etwas rascher als sonst, denn schon standen französische Truppen im Jura, und es pressierte.
Leider war aber auch Bern gespalten. Der weitsichtige Schultheiß Niklaus Friedrich v. Steiger riet zur Kriegserklärung an Frankreich. Sein Gegenspieler, der Säckelmeister Karl Albert v. Frisching, empfahl Verhandlungen, friedliche Koexistenz, Vermeidung von Zwischenfällen und dergleichen. Wir kennen das ja. Seine Anhänger hatten im Großen Rat die Mehrheit, und so nahmen die Dinge denn ihren verderblichen Lauf.

Der Untergang

Machen wir es kurz: am 5. März 1798 zogen die Franzosen in Bern ein – das erste und einzige Mal, daß die Stadt von einem siegreichen Feind besetzt wurde.
Und bald bemerkten die Eidgenossen, die Bern im Stich gelassen hatten, daß Berns Fall auch ihr Fall war. Und mit der versprochenen «liberté, égalité, fraternité» war es auch nichts.

Die Zeit der Unmündigkeit

Nun wurden unter der Vormundschaft Frankreichs diverse neue Staatsformen ausprobiert, aber keine wollte so recht passen. Erst als dann der inzwischen zum Kaiser avancierte Militärkopf in Rußland sein Mütchen gekühlt und bei Waterloo eine sehr peinliche Überraschung erlebt hatte, normalisierten sich die Verhältnisse in Europa wieder einigermaßen, und auf dem Wiener Kongreß wurde nicht nur getanzt, sondern auch die Eidgenossenschaft neu geordnet. Bern verlor dabei die Gebiete der Waadt und des Aargaus und erhielt zum Ausgleich ein Stück Jura, von dem aber ein Teil nie so recht in den Kanton paßte, so daß es geradezu eine Erleichterung war, als 1978 die übrigen Eidgenossen sich bereit erklärten, aus diesem unpassenden Teil einen neuen Kanton namens Jura zu bilden.

Ende gut, alles gut

Der Rest ist bald erzählt. Die Schweiz war nun ein lockerer Staatenbund, dem die Hauptstadt fehlte, und das war ein Übelstand; denn wo war da das Bundeshaus, von dem aus man zum Rechten sehen konnte? Es ging denn auch manches schief, und zwar so lange, bis der unglückselige Sonderbundskrieg zur Besinnung rief, was zur neuen Bundesverfassung von 1848 führte.
Damit war die Schweiz ein Bundesstaat mit einer zentralen Regierung geworden, und nun ging es nur noch darum, den festen Standort der obersten Behörde zu bestimmen. Zürich und Bern bewarben sich um die Ehre. Am 28. November 1848 stimmte die Bundesversammlung darüber ab.
Das Ergebnis dieser Abstimmung dürfte Ihnen, lieber Anfänger, bekannt sein.

Bern von innen

Blick in die Bernerseele

Vorsicht! Versuchen Sie als Anfänger nie, einem Berner die Seelensonde einzuführen! Sobald er sich beobachtet und analysiert fühlt, verschließt er sich, und in diesem Fall würden Sie an ihm nur einen einzigen Charakterzug feststellen: eben seine Verschlossenheit. Wer sein Innenleben gründlich und allseitig erforschen will, muß sehr behutsam vorgehen, jede direkte Annäherung meiden und sich das Gesamtbild aus Indizien zusammendenken. Übrigens: Was verstehen wir eigentlich unter «Berner»? Den Stadtbewohner? Den Kantonsbürger? Den in Bern Geborenen oder den in Bern Heimatberechtigten? Schon hier beginnen die Unklarheiten, und ich kann Ihnen mit der verzeihlichen Unbekümmertheit des Anfängers gestehen, daß es mir bis jetzt noch nicht gelungen ist, diesen Begriff genau zu definieren. Wahrscheinlich deshalb nicht, weil es den Berner in Reinkultur überhaupt nicht gibt. Wenn wir aber – natürlich nur theoretisch – alle jene, die in Bern aufgewachsen sind und sich hier zu Hause fühlen, durch eine Hackmaschine lassen, das so entstehende Material gründlich mischen und daraus einen einzigen Menschen formen, dann dürfte etwas entstehen, das man als typischen Berner bezeichnen könnte.
Einigen wir uns also der Einfachheit halber auf diesen konstruierten Einheitsberner, den «homunculus bernensis», und beginnen wir endlich!

Wie wäre es, wenn wir von der bekannten Behauptung ausgingen, daß der Mensch weitgehend von seiner Umgebung geformt werde? Nicht schlecht! Der Berner lebt in einer mittelgroßen Stadt, doch diese Stadt liegt mitten in der Landwirtschaft und unweit der Berge, und tatsächlich: der Berner ist ein Städter, aber kein Großstädter; er fühlt sich dem Bauernstand immer noch verbunden, und zwar nicht als herablassender Heimatschützler, sondern im Bewußtsein seiner Wurzeln; und schließlich sind auch die Berge für ihn kein bloßes Ausflugsziel, sondern ein bißchen Heimat. – Somit hätten wir also den Berner als Bürger-Bauer-Bergler festgehalten.

Weiter: Bern liegt nicht nur wenige Kilometer von der französischen Sprachgrenze entfernt, es war auch Jahrhunderte lang eng mit der Westschweiz verbunden und unterhielt ebenso lange die engsten Beziehungen zu Frankreich; und darum ist es keine wilde Hypothese, wenn ich behaupte, im dickflüssigen germanischen Blut befänden sich auch einige Tropfen spritzigen Romanenblutes. Dies gilt vor allem für die Nachkommen der regimentsfähigen Geschlechter, bei denen einst das Französische sogar Umgangssprache war; und heute noch ist es durchaus nicht ungewöhnlich, daß ein Berner sich seine Frau aus dem Welschen holt und dabei der Stadt eine Prise jenes Esprit zuführt, der seinem eher zurückhaltenden Wesen die nötige Würze gibt.

Bitte achten Sie auf das Wort *zurückhaltend*. Es ist nicht identisch mit «langweilig». Diesem Irrtum verfällt mancher oberflächlich Beobachtende. Er geht dabei von der Auffassung aus, daß, wer wenig rede, auch wenig zu sagen habe. Ich möchte eher behaupten, daß Leute, die viel und rasch reden, kaum Zeit zum Nachdenken finden. Der Berner aber denkt viel nach, und wenn er dabei, wie das oft geschieht, zu einer Erkenntnis gekommen ist, fühlt er sich noch lange nicht verpflichtet, sie unverzüglich der Umwelt mitzuteilen. «Introvertiert» würde das der Psychologe wahrscheinlich nennen. Diese Zurückhaltung im Reden, verbunden mit einer von andern oft verspotteten Bedächtigkeit im Handeln, hat dem bernischen Staatswesen im Laufe der Geschichte oft zum Vorteil gereicht.

Bitte achten Sie auf das Wort *Bedächtigkeit*. Es ist nicht identisch mit «Langsamkeit». Ein Faultier ist langsam, weil es eben faul ist. Eine Schnecke ist langsam, weil sie infolge ihrer Konstitution einer schnellen Fortbewegung unfähig ist. Der Berner aber ist weder faul noch unfähig, sondern bedächtig. «Bedächtig» kommt von «Denken». Der Berner handelt nicht übereilt. Er wägt ab, prüft und berechnet, bevor er einen Entschluß faßt. Wenn er ihn aber einmal gefaßt hat, hält er daran fest und bleibt konsequent.

Bitte achten Sie auf das Wort *konsequent*. Es ist nicht identisch mit «stur». Der Berner schützt – um nur ein ins Auge fallendes Beispiel zu nehmen – konsequent seine Altstadt, aber er klammert sich nicht stur an baufällige Häuser, sondern läßt sie nach altbewährtem Muster neu erstehen.

Bitte achten Sie auf das Wort *altbewährt*. Es ist nicht identisch mit «altmodisch». Aber vielleicht haben Sie schon von Traditionen gehört? Traditionen sind des Berners Stärke. Was er an Wertvollem von seinen Ahnen übernommen hat, gibt er nicht so leicht preis. Ich denke jetzt weniger an traditionelle Volksfeste als an minder spektakuläre Gewohnheiten des Alltags. Etwa an den Brauch, die Fenster der Stadthäuser mit Geranien zu schmücken, mehr als unbedingt nötig «merci» zu sagen, den Tramkondukteur zu grüßen und die Steuern rechtzeitig zu zahlen.

Zurückhaltung und Bedächtigkeit könnten leicht auf Humorlosigkeit schließen lassen. Ha, da kennen Sie die Berner schlecht! Allerdings möchte ich einleitend klarstellen, daß nicht häufiges und schallendes Lachen ein schlüssiger Beweis für das Vorhandensein von Humor ist. Berns Gassen widerhallen nicht von pausenlosem Gelächter. Dem Berner liegt das zufriedene Schmunzeln näher als das akustisch wirkungsvollere Witz-Gewieher. Sein Humor gründet in der Tiefe des Gemütes; wenn er aber an die Oberfläche kommt (was in geeigneter Gesellschaft viel öfter geschieht, als der Außenstehende anzunehmen geneigt und wahrzunehmen fähig ist), ist er wahrhaft herzerfrischend. Giftelnder Witz ist dem Berner fremd, denn er widerspricht seiner angeborenen Gutmütigkeit, und wenn ein Berner, der nicht etwa mütterlicherseits die Fähigkeit des geschliffenen Wortes, wie es im Welschen zu Hause ist, geerbt hat, sich in dieser Kunst versucht, läuft er leicht Gefahr, plump bis grob zu werden. Doch dies sind die Entgleisungen; der typische Bernerwitz ist harmlos und gerade. – Hier zwei Beispiele:

«Großvati», will der kleine Hansli wissen, «gits hinder em Gurte (siehe Seite 10) o Lüt?»
«Cha scho sy», antwortet der Großvater, «aber mir wei nid grüble, Chind!»

Ein unaufmerksamer Automobilist gerät aufs Trottoir, wo sein Fahrzeug einen Berner erfaßt und in hohem Bogen quer über die Straße schleudert. Höchst erschrocken verläßt der Fehlbare seinen Wagen und eilt, aufs Schlimmste gefaßt, zum Opfer. Doch der Berner steht bereits wieder auf den Beinen und sagt gutmütig:
«Macht nüüt – i ha sowiso grad über d'Schtraß wölle.»

Es hängt mit seiner Gutmütigkeit zusammen, daß der Berner nicht besonders ehrgeizig ist. Muß man das als Mangel buchen? Sicher nicht, wenn der Ehrgeiz darauf zielt, eine möglichst amerikanisch angehauchte City mit neonbeleuchtetem Night Life, ein weites Netz von Expreßstraßen und einen interkontinentalen Flugplatz zu besitzen. Wozu auch? Fremde sind jederzeit willkommen und werden eine Gastfreundschaft genießen, die ihresgleichen sucht und weniger wort- als tatenreich ist. Wer aber erwartet, daß der Berner seine Stadt verleugnet, indem er sie international zurechtfrisiert, dürfte enttäuscht werden. Eines Tages aber wird es in den Prospekten heißen: «Bern, die Stadt der lebendigen Fußgänger!», «Bern, die Stadt mit Sauerstoff!», oder «Bern: zerbrochene Stadtmauern des 12. Jahrhunderts, aber keine durchbrochenen Schallmauern des 20. Jahrhunderts!», und dann strömen auf einmal die ruhebedürftigen Touristen aus aller Welt nach Bern und beweisen damit die Richtigkeit von Matth. 20, 16, Mark. 10, 31 und Luk. 13, 30.

Halten wir also fest, daß das Fehlen solchen Ehrgeizes kein Unglück ist. Verwechseln Sie aber bitte Ehrgeiz nicht mit Ehrgefühl. Seine Ehre behütet der Berner nämlich mit einem Eifer, der erst auffällt, wenn sie, die Ehre, angegriffen wird. Dann kann er sehr heftig zurückschlagen, und wehe dann dem Ehrabschneider! In dieser Hinsicht stimmt der Ausspruch, der Berner habe seinen Charakter mit seinem Wappentier gemeinsam: auch der Bär ist gutmütig, solange er in Ruhe gelassen, aber gefährlich und stark, wenn er angegriffen wird.

Alles in allem also ein bewundernswerter Mensch, dieser Berner. Wir haben sozusagen keine negativen Eigenschaften an ihm entdeckt. Nur eben: wir sind ja von einem synthetischen Einheitsberner ausgegangen, dem Produkt einer Hackmaschine, und da sind uns offenbar einige Qualitäten wie Pedanterie, Standesdünkel, Titelsucht, Argwohn und geistige Unbeweglichkeit durchs Abflußrohr entwichen. Beruhigen Sie sich: die richtigen, lebendigen Berner laufen immer noch unzerhackt herum.

Fünf Regeln für den Umgang mit Bernern

1. Verwechseln Sie Zurückhaltung nicht mit Verschrobenheit, Misanthropie oder Blasiertheit. Der Berner trägt sein Herz nicht auf der Zunge, sondern auf dem rechten Fleck. Erwarten Sie nicht, daß er Ihnen schon bei der ersten Begegnung um den Hals fällt. Wenn er es trotzdem tut, ist es ein italienischer Saisonarbeiter.

2. Machen Sie sich im Gespräch mit einem Berner auf Pausen gefaßt. Wenn er auf eine Frage nicht sofort antwortet, bedeutet das, daß er sie einer eingehenden Erwägung würdig findet. Rasche Antworten bedeuten im Gegenteil eher, daß er Sie möglichst bald loswerden will. Als großen Erfolg dürfen Sie es ansehen, wenn es Ihnen gelingt, mindestens eine Viertelstunde lang mit einem Berner gemeinsam zu schweigen. Mit einem ihm nicht genehmen Menschen würde er es nie so weit kommen lassen.

3. Rühmen Sie den Berner oder seine Stadt nie in allzu überschwenglichen Ausdrücken. Er weiß, daß er recht ist, er weiß auch, daß seine Stadt die schönste der Welt ist, und jede übertrieben wortreiche Bestätigung dieser Tatsachen erweckt in ihm den Verdacht, man müsse eine mangelnde Überzeugung verdecken.

4. Es hat absolut keinen Sinn, einen Berner in zeitlicher Hinsicht unter Druck zu setzen. Jede Eile läuft seiner Veranlagung zuwider. Er weiß, daß sie schädlich ist, und wird bockig, wenn man sie ihm aufzwingen will. Dies gilt auch im Straßenverkehr.

5. Machen Sie sich nie über die Sprache des Berners lustig. Sie kränken ihn damit nur unnötig und beweisen Ihre Unkenntnis des Berndeutschen. Näheres dazu im folgenden Kapitel.

Der beredte Berner

Heit Der scho einisch probiert, e chli Bärndütsch z verschtah oder z läse?

Kein wahrhafter Kenner unserer Mundart wird das Berndeutsch als grob und schwerfällig beurteilen. Daß man es nicht mit delikat geschürzten Lippen und zierlichem Augenaufschlag spricht, will noch lange nicht heißen, daß es nicht salonfähig ist. Und was die rhythmische Eleganz betrifft, brauchen Sie nur den obigen Satz noch einmal laut durchzulesen. Vielleicht merken Sie, daß es ein Hexameter ist.
Was für den Berner überhaupt gilt, muß auch bei der Beurteilung seiner sprachlichen Äußerungen berücksichtigt werden: es ist dumm, Langsamkeit

mit Schwerfälligkeit gleichzusetzen. Unter allen Schweizerdialekten mag der berndeutsche der langsamste sein, und wer die Intelligenz eines Menschen an der Zahl der pro Minute hervorgebrachten Silben mißt, kann zum Schluß kommen, daß die Berner unter geistigen Ladehemmungen leiden. Wer aber ohne Rücksicht auf die Silbenzahl den Inhalt und die Form des Gesagten bewertet, muß zugeben, daß Berndeutsch eine schöne und ausdrucksreiche Sprache ist.
Oder glauben Sie etwa, das Blühen des Berner Heimatschutztheaters und die große Beliebtheit des Berner Chansons seien unerklärbare Zufälle? Können Sie mir einen Kanton nennen, der mehr anerkannte Mundartdichter hervorgebracht hat? Falls Sie eine Gedächtnisstütze brauchen: Rudolf v. Tavel, Simon Gfeller, Ernst Balzli, Erwin Heimann, Mani Matter... Und wenn ich daneben noch Emanuel Friedli und Otto v. Greyerz nenne, haben Sie auch die Namen der Größten, die das Berndeutsch erforschten und durch ihre

Werke der Öffentlichkeit näherbrachten. Das Bärndütsch-Werk Emanuel Friedlis umfaßt sieben Bände, jeder einer bestimmten Kantonsgegend gewidmet, und daraus wird klar, daß es nicht nur ein Berndeutsch gibt, sondern eben eine Anzahl von bernischen Lokal- und Regionaldialekten. Man merkt das am besten, wenn man als Stadtberner ins Haslital geht und sich dort mit einem Eingeborenen verständigen will . . .
Bleiben wir also beim Stadtberndeutsch. Auch das ist noch kompliziert genug. Ein Tor, wer glaubt, alle Bewohner der Stadt bedienten sich des gleichen Wortschatzes oder, bei gleichem Wortschatz, der gleichen Ausspracheformen! Es gibt da quartier- und standesmäßige Abarten. Ich werde sie kurz aufzählen, ohne Anspruch auf Vollständigkeit zu erheben.

1. Bächndütsch

Sieht wie ein Druckfehler aus, ist aber keiner. Bächndütsch ist die Sprache der oberen Zehntausend, die sich aus den alten Geschlechtern und einigen weniger hochgeborenen, dafür wohlhabenden Mehrbesseren zusammensetzen. Dies ist eine sehr grobe und unvollkommene Umschreibung – bitte stoßen Sie sich nicht daran.
Wie schon in der Schreibweise seiner Bezeichnung angedeutet, ist das Eigentümliche am Bächndütsch, daß darin das R durch ein CH ersetzt wird. Dieses CH wird wiederum nicht von allen gleich ausgesprochen. Während bei den einen das Halszäpfchen noch mitschwingt und also ein Geräusch entsteht, wie es die Franzosen beim Aussprechen ihres R produzieren, äußern die andern ein ganz ehrliches CH, wie wir es in *Nacht* haben.

Genug der Theorie! Wir üben.

Grüß Gott, Frau Gerichtspräsident heißt auf Berndeutsch: *Grüeß Ech, Frou Grichtspresidänt.* Nun sprechen Sie die vier darin vorkommenden R so aus, als ob Ihre Muttersprache Französisch wäre. – Und? Fühlen Sie sich nicht schon ein wenig aristokratisch? Jetzt gehen wir aber noch einen Schritt weiter. Vergessen Sie Ihr Halszäpfchen und sagen Sie: *Gchüeß Ech, Fchou Gchichtspchesidänt.* Bitte noch einmal! Lassen Sie sich nicht entmutigen, so etwas muß geübt sein. Und vielleicht beginnen Sie nun auch zu verstehen, warum sich unsere Mundart nicht zum Schnellreden eignet. Solche Lautverbindungen erfordern Zeit. Wenn Sie den genannten Satz beherrschen, dürfen Sie ihn steigern: *Gchüeß Ech, Fchou Obechgchichtspchesidänt!*

Es gibt herzlose Menschen, die diese Erscheinung als Sprachfehler abtun wollen. Sie treiben mit Entsetzen Scherz, denn das aristokratische R, so distinguiert es zuweilen wirkt, entbehrt oft nicht einer gewissen Tragik, indem es zu verhängnisvollen Irrtümern führt. So verbringen zum Beispiel alljährlich zahllose Berner Patrizier ihre Ferien in Chur, obschon sie ursprünglich ins Ruhrgebiet reisen wollten...

Als ich darauf hinwies, daß meine Zuteilung des Bächndütsch an die oberen Zehntausend mangelhaft sei, dachte ich an folgendes: es gibt auch blaublütige und steinreiche Berner, die das R rollen wie gewöhnliche Sterbliche (Rudolf v. Tavel selber war ein Beispiel für diese Ausnahmen), und andererseits Angehörige der unteren Gehaltsklassen, die auch nicht im entferntesten von Adrian von Bubenberg abstammen und dennoch *Adchian vo Buebebächg* sagen. Und einen kenne ich sogar, der sein R dem sozialen Stand des jeweiligen Gesprächspartners anpaßt. Seien Sie also gewarnt vor Fehlschlüssen!

2. Bärndütsch

Dies ist die Sprache der Mehrzahl, gleichsam die Volksausgabe des Bächndütsch. Wer sie kennenlernen will, kann entweder mit offenen Ohren in Bern herumgehen oder die entsprechende Literatur studieren. Ich würde den ersten Weg empfehlen.
Merken Sie sich etwas: die höfliche Anrede im Berndeutschen lautet *Dir* und *Euch,* nicht *Sie* und *Ihne* wie in anderen Landesteilen. Darum heißt unser Gruß auch *Grüeßech!* und nicht *Grüezi!*. Heit Der begriffe?

3. Mattenenglisch

Vor Jahrhunderten wohnten in der Matte die Schiffleute. Bevor es Eisenbahn, Straßentransportfirmen und Helikopter-Unternehmungen gab, spielten diese im Transportwesen eine hervorragende Rolle. Sie fuhren mit Kähnen und Abenteuerlust die Aare hinunter und besuchten Märkte zwecks Warenaustausch. Bei solchen Anlässen kamen sie mit allerlei Volk aus allerlei Herren Länder zusammen, unter anderem sicher auch mit Gaunern, die ja an Marktorten stets zu finden sind. Nun gab es – und gibt es heute noch – eine faszinierende Gaunersprache, das Rotwelsch, und so wie die Berner heute mit *Okay* und *Baby* aus Amerika zurückkehren, ruderten sie damals mit *Lehm* statt *Brot* und *Hach* statt *Mann* zur Matte zurück. Aus solchen Brocken ist in der Matte eine Sprache entstanden, die man Mattenenglisch nennt. Mit Englisch hat sie nichts zu tun – aber wie sollte man sonst eine Sprache nennen, die in der Gegend der Mattenenge zu Hause ist?
Ernsthafte Sprachforscher haben sich mit dem Mattenenglisch beschäftigt und die Herkunft seiner Elemente untersucht. Die Spuren gehen bis ins

Hebräische zurück. Bei vielen Wörtern kann man den Ursprung nur vermuten. Manche sind bloße Entstellungen heimischen Wortgutes, andere lassen sich aus dem Französischen ableiten. Das berühmte Beispiel lautet: *Tunz mer e Ligu Lehm = Gib mir ein Stück Brot*. Ein *Chemp* ist ein Stein, *Schtibäng* heißt Stadt, *Funi* Streichholz, *Blofer* Bleistift, *Tschaagge* Schule, *ieu* oder *jeme* ja, *nobis* nein – doch dies ist kein Sprachkurs, sondern eine kurze Orientierung, und es hat ohnehin keinen Sinn, Mattenenglisch zu lernen, denn die Leute, die es noch beherrschen, sind am Aussterben. Wir haben es hier mit einer toten oder zumindest mit einer in den letzten Zügen liegenden Sprache zu tun. In einzelnen Ausdrücken wird sie aber nie untergehen, denn sie lebt weiter im Wortschatz der Berner *Gielen* (was «Buben» bedeutet) und auch in den Reden der Männer, sofern sich diese im Militärdienst oder sonst in nicht-kultivierter Umgebung befinden.

4. Weitere Sprachen

Das parlamentarische Berndeutsch ist der Dialekt bernischer Volksredner, die ihre Texte schriftdeutsch aufsetzen und berndeutsch ablesen, und folglich scheußlich.

Unter *Frangseh federal* verstehen wir ein mit berndeutschem Akzent ausgesprochenes Französisch, das mit dem Normalfranzösisch zumindest den Wortschatz gemeinsam hat. Alles übrige ist Glückssache.

Das kulturelle Leben

Es wäre vielleicht wünschenswert, daß Bern als kulturelles Zentrum der Schweiz in den Rang von Florenz oder sogar Paris erhoben werden könnte. Tut mir leid. Dies ist ein Tatsachenbericht. Basel ist kultureller, wenn man so will. Bei Basel denkt man sogleich an Hans Holbein und Jakob Burckhardt, bei Bern muß man schon länger nachdenken, bevor einem ein ebenbürtiger Name einfällt. Man kommt dann wahrscheinlich auf Albrecht von Haller. Es wäre aber auch falsch, wenn man die Rollen an die drei größten Schweizer Städte so verteilen würde: Basel = Kultur, Zürich = Wirtschaft, Bern = Politik. So einfach ist die Sache nicht. Denn tatsächlich: auch auf der Aarehalbinsel finden sich Spuren von Kultur.

Literatur und Theater

Es gab da zum Beispiel, lange bevor die Schallplattenindustrie dem Menschen das Singen abnahm, die bernischen Minnesänger *Heinrich von Strättligen* und *Johann von Ringgenberg*. Noch nie davon gehört? Da sehen Sie: man soll nie urteilen, bevor man die Tatsachen weiß.
Wahrscheinlich kennen Sie auch den Berner *Ulrich Boner* nicht, der 1340 den «Edelstein», eine Sammlung lehrhafter und dennoch ergötzlicher Verse, schrieb. Dafür haben Sie schon von *Niklaus Manuel* gehört, der sich zur Zeit der Reformation nicht nur als Maler, sondern auch als Dramatiker besonders hervorgetan hat. An kabarettistischen Motiven für seine Fasnachtsspiele fehlte es damals so wenig wie heute. Viele Leute nahmen ihm seine Späße übel, vor allem natürlich jene, die als Vorgänger der heutigen Kultur-Snobs schon damals nicht begreifen wollten, daß man lustig und tiefgründig zugleich sein kann.

Der nächste große Dramatiker bernischer Herkunft ist *Friedrich Dürrenmatt*. Zwischen ihm und Manuel liegt eine Pause von rund vierhundert Jahren. Man sieht: Bern ist auch auf dramatischem Gebiet seinem Motto «Nume nid gschprängt!» treu geblieben. Dieses Motto ist nicht etwa eine hämische Erfindung Außenstehender, sondern kann in einer alten Handschrift auf der Burgerbibliothek nachgelesen werden, sogar in lateinischer Sprache. Es lautet dort: «Moderata durant».
Ganz anders sieht die Sache aus, wenn wir die Weltliteratur beiseite lassen und das Dialekttheater unter die Lupe nehmen. Hier kann ich mit Stolz melden, daß 1889 in Bern das erste schweizerische Dialektstück aufgeführt und 1895 von *Otto v. Greyerz* das erste Berndeutschtheater gegründet wurde, eine Pioniertat, die zum berühmten Berner Heimatschutztheater geführt hat.

Selbstverständlich besitzt Bern auch ein *Stadttheater*. Es wurde 1903 eröffnet und pflegt neben dem Schauspiel auch Oper und Operette. Daneben ist es (wie alle kulturellen Institutionen) ein chronisches Defizit-Unternehmen und (wie alle Defizit-Unternehmen) ein unerschöpfliches Gesprächsthema. Das kassenfüllende Erfolgsstück, das allen Geschmäckern gerecht würde, müßte etwa so aussehen: eine textliche Verquickung von «Faust II» und «Zigeunerbaron», bearbeitet von Max Frisch, unter Verwendung von Musik von Vivaldi, Lehàr, Gershwin und Honegger, mit Bühnenbildern von Jean Cocteau nach Vorlagen von Segantini und aufgeführt von Spitzenkräften der Mailänder Scala und der Folies-Bergère.
Bis es soweit ist, geht die Diskussion weiter.

Die andern bernischen Bühnen sind auf bedeutend tieferem Niveau. Das *Atelier-Theater* zum Beispiel, das auf kleinem Raum Großes vollbringt, liegt tief unter dem Niveau der Effingerstraße. Weitere *Experimentier- und Kleintheater* haben sich sogar in den

Kellern von Altstadthäusern eingenistet, deren Luftmenge pro Zuschauer nicht unweit vom Existenzminimum liegen dürfte – aber meist sind die Darbietungen auf der Bühne so gut, daß man ohnehin den Atem anhält.

Der größte Epiker war ohne Zweifel *Jeremias Gotthelf,* Burger der Stadt Bern und unübertroffener Schilderer von Land und Leuten. Wer den Berner kennenlernen will, lese Gotthelf; bald wird er merken, daß er dabei auch den Menschen überhaupt kennenlernt.

Rudolf v. Tavel ist der Schilderer des alten Bern, und wenn man seine Romane liest, könnte man zuweilen geradezu Heimweh nach jener guten alten Zeit des Ancien Régime bekommen.

Albrecht v. Haller kennt man hauptsächlich als Dichter des epochemachenden Gedichtes «Die Alpen», doch das ist nur eine Seite seines Wesens. Dieser Mann konnte schon als Vierjähriger lesen, sprach als Zwölfjähriger Latein und Griechisch, machte als Vierzehnjähriger eine ärztliche Berufslehre, studierte als Fünfzehnjähriger in Tübingen Botanik, als Siebzehnjähriger in Leiden Medizin und besaß als Achtzehnjähriger bereits den medizinischen Doktortitel. In einem Alter, da man heutzutage in der Rekrutenschule das Zerlegen des Sturmgewehrs übt, war Haller bereits in London und Paris ein bekannter Mediziner und hatte verbotenerweise Leichen zerlegt, und als Einundzwanzigjähriger veröffentlichte er in Bern «Die Alpen» und eröffnete eine Praxis.
Hier muß gestanden werden, daß man in Bern seine Größe lange Zeit nicht erkannte oder nicht erkennen wollte. Er wäre gerne Chefarzt des Inselspitals geworden, aber kleinliche Intrigen neidischer Kollegen verhinderten das. Ein Arzt, der nebenbei noch dichtete, war bei den biedern Bernern verdächtig. Dann, als das Ausland ihn mehr als je einen Berner ausgezeichnet hatte, erkannte man seine Größe, empfand sie aber als ungemütlich. Der Mann, der mit zwölfhundert Gelehrten in aller Welt korrespondierte und wissenschaftliche Arbeiten schrieb, die heute noch lesenswert sind, mußte sich mit dem Amt des Rathausammanns begnügen. Später wurde er allerdings Direktor der Salzwerke der Republik Bern in Roche – aber den begehrten Sitz im Kleinen Rat hat er nie erhalten.
Er hätte es anders haben können. Ausländische Universitäten rissen sich um ihn. Friedrich der Große wollte ihn, neben Voltaire, an seinen Hof ziehen. Haller lehnte ab. Er wollte, trotz Schmähungen und Anfeindungen, in Bern bleiben.
So etwas kann nur ein Berner verstehen.

Universität und Schulwesen

Auf der *Berner Universität* wird viel geschanzt. Daher steht sie auf der Großen Schanze. Sie wurde 1834 gegründet, und das merkt man. Im Vergleich zu den hochmodernen, gediegenen Versicherungspalästen der Stadt steht sie etwas armselig da. Trotzdem stehen große Namen in ihren Annalen: *Bernhard Studer,* Begründer der Alpengeologie, *Carl Hilty,* Philosoph und Staatsrechtler, der Chirurg *Theodor Kocher,* der Internist *Hermann Sahli, Eugen Huber,* Schöpfer des Schweizerischen Zivilgesetzbuches, und *Albert Einstein,* dessen epochemachende Relativitätstheorie in Bern beheimatet ist.

Auch heute interessieren sich zuweilen bedeutende Gelehrte für einen Lehrstuhl auf der Großen Schanze. Seltsamerweise sitzt dann plötzlich ein anderer, weniger bedeutender auf dem Stuhl. Wer sich das nicht erklären kann, möge noch einmal den Abschnitt über Albrecht v. Haller nachlesen...

Daß wir auch eine Zahl von *Museen* – worunter das Naturhistorische füglich als weltberühmt bezeichnet werden darf – und im Dählhölzli einen gepflegten *Tierpark* besitzen, wird jeden Anfänger freuen, der gemerkt hat, daß auch Nichtakademiker und sogar Kinder sich an solchen Institutionen ergötzen können.

Über das *bernische Schulwesen* im allgemeinen, das mit der Gründung einer Lateinschule im 15. Jahrhundert begann und sich gegenwärtig im Stadium des Studiums einer Reform befindet, gibt es in einem Anfänger-Büchlein nichts zu berichten. Bis die Frage endlich abgeklärt ist, ob man unsere Schulkinder aufs Leben oder auf das Lösen von schwierigen Kreuzworträtseln vorbereiten soll, wollen wir uns jeglichen Kommentars enthalten.

Volkshochschule und andere *Abendkurse* sorgen dafür, daß auch bei den erwachsenen Bernern das geistige Leben nicht verkümmert. Besonders stark besucht sind die Auto-Fahrschulen.

Bildende Kunst

Die Erforschung dieser Sparte muß ich Ihnen überlassen, liebe Anfänger, denn biographische Notizen über unsere bildenden Künstler finden Sie auch im Schweizer Lexikon, und Bilder zu beschreiben, hat herzlich wenig Sinn. Begeben Sie sich also ins *Kunstmuseum* an der Ferdinand-Hodler-Straße mit seiner großen Klee-Sammlung oder in die *Kunsthalle* am Helvetiaplatz. Oder schauen Sie im Telephonverzeichnis unter dem Stichwort «Galerie» nach. Es fehlt nie an anziehenden Ausstellungen.
Besonders originell ist die alljährlich wiederkehrende *Kramgaß-Ausstellung*. Da werden im Spätherbst in den Schaufenstern der Kramgaß-Geschäfte Werke bernischer Künstler ausgestellt. Man

räumt jedoch die Schaufenster nicht aus, um ein Gemälde oder eine Plastik ganz für sich wirken zu lassen, denn schließlich muß man auch noch andere Waren verkaufen – von der Kunst allein kann man bekanntlich meist erst nach seinem Tode leben. So findet man also die schönsten Kunstgegenstände zwischen Ochsenmaulsalat und Ölsardinen, auf Hemdenbeigen und Reisekoffern, inmitten von Regenschirmen, Schuhen und Damenhüten. Eine Profanierung der Kunst? Ein Snob könnte das behaupten. Für uns Anfänger aber ist es ein Zeichen dafür, daß die Kunst in Bern sich nicht scheut, wenigstens einmal im Jahr den feierlichen Ausstellungsräumen und dem geschwätzigen Vernissagen-Publikum den Rücken zu kehren und sich dort zu zeigen, wo sie von allen beachtet, von vielen genossen und von einigen sogar gekauft wird.

Musik

Noch fehlt uns die Erwähnung der bernischen Musikpflege. Ist es ein Faux-pas, wenn ich mit dem *Jodeln* beginne? Aber glauben Sie mir, das Jodeln ist etwas Typisches für Bern, nicht nur für das Land, sondern auch für die Stadt; und wer jetzt verächtlich die Nase rümpft, hat sich bestimmt noch nie die Mühe genommen, einem bernischen Jodlerchörli ernsthaft zuzuhören. Man braucht nämlich nicht unbedingt vor einer Alphütte auf 1250 Metern über Meer zu stehen, um diese lautliche Äußerung innigster Glückseligkeit zur vollendeten Kunst zu erheben; auch der kleine Hintersaal im Restaurant «Alpenblick» genügt. Es ergreift mich immer wieder, wenn ich höre, wie robuste Mannen, die von Beruf vielleicht Metzger, Schadeninspektor oder sonst etwas Unerbittliches sind, zu sanften Schmelztönen und zartem Jubilieren fähig werden, sobald sie, die Hände tief in den Hosensäcken und mit

vorgestellten Bäuchen, im Halbkreis stehen. Wenn Kultur die Überwindung des Animalischen bedeutet, dann ist Jodeln Hochkultur.
An zweiter Stelle nenne ich die *Ländlermusik*. Was gibt es denn Fröhlicheres und Herzerfrischenderes als eine lüpfige Polka, einen zügigen Galopp oder einen mit spontanen Jauchzern durchsetzten Ländler? Nur schade, daß man besondere Volkstanzgruppen ins Leben rufen mußte, um diese Tänze zu erhalten, weil unsere Generation es im allgemeinen vorzieht, die Tänze der Eingeborenen ferner Länder nachzuahmen. Es sind ja vor allem die ausländischen Touristen, die von der Ländlermusik nie genug bekommen können. Offenbar muß man im Ausland gewesen sein, um zu erkennen, welches die typische schweizerische Volksmusik ist.
Natürlich gibt es in Bern auch *Symphoniekonzerte*. Sie sind sowohl musikalische als auch soziale Ereignisse. In kultivierten Kreisen ist ein Konzert-Abonnement fast unumgänglich. Die Konzerte sind denn auch sozusagen immer ausverkauft. Erfreulich ist dabei der große Anteil der jugendlichen Konzertbesucher. Bei Gastdirigenten und Solisten von Weltruf ist der Große Casino-Saal jeweils so überfüllt, daß die in der vordersten Reihe der Notbestuhlung auf dem Podium Sitzenden ihre Füße auf der Pauke abstützen können. Bei Programmen, die mit klassischer Musik beginnen und mit modernen Stücken aufhören, stellt man nach der Pause immer wieder fest, daß sich die Reihen bedeutend gelichtet haben: wiederum ein Beweis dafür, wie sehr die Berner am Alten, Bewährten festhalten.

Körperkultur

Den üblichen Sportbetrieb übergehen wir, denn er ist wie überall. Einmalig auf der Welt aber steht das *Aarebad im Marzili* da, jene grüne Insel am Fuße des Bundeshauses, auf der sich im Sommer ganz Bern trifft. «Ganz Bern» – das ist nicht übertrieben. Schauspieler und Stifte, Oberstdivisionäre und Graphiker, Verkäuferinnen und Lehrerinnen, Schuljugend und reiferes Alter, Katholiken und Protestanten, Sozialisten und Freisinnige – alles, aber auch alles findet sich dort zusammen. Zugegeben: die Fläche pro Person ist in der Hochsaison zuweilen so klein, daß man die Knie bis zum Kinn anziehen muß, und von privater Sphäre ist kaum mehr die Rede, aber gerade das ist eine Schule der Demokratie, wie man sie selten in so glücklicher Umgebung findet. Denn hier, wo die äußeren Hüllen abgestreift sind, gilt nur noch der Mensch. Beim Schlangestehen vor den Duschen gibt es keine Vorrechte der Schmerbäuche wie auf anderen Gebieten, und ein Lehrling, der gut schwimmen kann, gilt hier sogar mehr als der Prokurist, der sich beim

Sprung ins Wasser feige die Nase zuklemmt. An heißen Sommertagen ist die Aare kilometerweit ein einziges Fließband, das ununterbrochen Köpfe allen Formates zu Tale fördert, und wenn man kurz vor Arbeitsbeginn beim Marzili wieder ans Land steigt, ist man so angenehm abgekühlt (Nichtberner würden sagen: durchfroren), daß man die Steigung in die Stadt zurück trotz größter Hitze ohne einen Schweißtropfen bewältigen kann.
Für das Studium des Berners ist ein Besuch im Aarebad (Eintritt frei!) also außerordentlich aufschlußreich und Anfängern sehr zu empfehlen. Aus diesem Grunde hat man ja auch besondere Anfänger-Becken eingerichtet.

Kultur und kein Ende! Man könnte noch seitenlang fortfahren, aber einmal muß man als kultivierter Mensch aufhören können, denn in der Beschränkung zeigt sich erst der Meister. Halten wir also zusammenfassend fest, daß es in Bern mehr Kultur gibt, als man auf den ersten Blick annehmen möchte, und begründen wir die Tatsache damit, daß die meisten Berner aus Kreisen stammen, die sich schon seit Jahrhunderten mit einer besondern Art der Kultur beschäftigten: mit der Agrikultur.

Bern von oben

Die Bundesstadt

Wie Sie als aufmerksamer Leser bereits wissen, wurde am 28. November 1848 Bern, die Stadt, die bisher vom Ausland aus begreiflichen Gründen schon immer als politisches Zentrum betrachtet worden war, offiziell zum Sitz der Landesregierung erkoren. Sie ist es bis heute geblieben, und niemandem würde es einfallen, ihr diese Ehre streitig zu machen.
Deutlichstes Zeichen dieser hervorragenden Stellung in der Eidgenossenschaft ist das *Bundeshaus*. Es kann ja nicht übersehen werden. Über seinen Baustil habe ich mich schon ausgelassen. Wer das Innere besichtigen möchte, kann dies täglich tun. Am interessantesten ist ein Besuch natürlich zur Zeit der Sessionen, wenn man von den Tribünen des Ständerats- und Nationalratssaales aus den Verhandlungen unserer obersten gesetzgebenden Behörden folgen kann. Diese Tribünen sind denn auch immer gut besetzt, und es werden sogar Kartons mit Sitzplänen herumgereicht, mit deren Hilfe man genau feststellen kann, welche Volksvertreter den Reden aufmerksam folgen und welche die Zeitung lesen, schwatzen oder gar hinausgehen. Man wird beim Eintritt in diese Räume nicht auf Waffen untersucht, man muß nicht einmal seine schweizerische Nationalität beweisen. Jedermann, der nicht gerade eine entsicherte Handgranate in der Hand hält, wird eingelassen. Ich kann mir vor-

stellen, daß es in dieser Hinsicht im Kreml etwas anders ist.

Daß Bern Sitz der Landesregierung ist, will noch lange nicht heißen, daß alle Mitglieder der Regierung in Bern sitzen. Beim Ständerat kann man ohnehin nicht von Sitzen reden; aber auch die Nationalräte wohnen natürlich alle in den Kantonen, von denen sie gewählt wurden, und kommen nur nach Bern, wenn sie an den Sessionen teilnehmen müssen. Sie sind zu beneiden, denn sie dürfen, was andern streng verboten ist, auf dem breiten Trottoir vor dem Bundeshaus und in den Durchgängen zwischen Mittelbau und Seitenflügeln ihre Autos abstellen. Bei dieser Gelegenheit kann andererseits der «Mann von der Straße» anhand der Wagentypen nachprüfen, welchen Lebensstandard die Vertreter der verschiedenen Kantone erreicht haben. (Das Moped, das auf dem reservierten Areal zuweilen zu sehen ist, gehört aber einem Securitaswächter.)

Von der höchsten Bundesbehörde befindet sich nur der Bundesrat ständig in der Hauptstadt, und auch hier ist eine Einschränkung zu machen: es gibt Bundesräte, die in Bern nur ein Absteigequartier besitzen und sich über das Wochenende in die Stille eines Wohnsitzes im Welschland flüchten. Eigentliche Amtssitze wie das Weiße Haus in Washington gibt es in Bern nicht. Ein neugewählter Bundesrat hat zuweilen ordentlich Mühe, eine Wohnung zu finden, die einigermaßen seinen Bedürfnissen und seiner Würde entspricht und dennoch nicht so viel kostet wie die eines Bankdirektors. Denn Bundesräte verdienen weniger.
Sie leben denn auch nicht viel anders als wir gewöhnlichen Bürger, ausgenommen, daß sie eine größere Arbeitslast und eine schwerere Verantwortung tragen und die verkürzte Arbeitszeit nur aus Volksbegehren kennen. Es stehen ihnen zwar Dienstwagen mit Chauffeuren zur Verfügung, doch

davon machen sie nicht immer Gebrauch. Ein Bundesrat im Tram oder Bus ist eine alltägliche Erscheinung. Man steht dabei als Mitpassagier vor der verwirrenden Frage: «Soll ich ihn grüßen und damit bekunden, daß ich ihn kenne und achte, oder ist das aufdringlich und hat er es lieber, wenn man von seiner Anwesenheit keine Notiz nimmt?» Darum kann es vorkommen, daß beim Eintritt eines Bundesrates in ein öffentliches Verkehrsmittel ein betretenes Schweigen aufkommen will, und das ist dem Betreffenden sicher ebenso peinlich, wie wenn ihn begeisterter Applaus empfangen würde. Ich schlage deshalb dem Anfänger vor, daß er seine Hemmungen überwindet und ein «Grüeß Ech, Herr Bundesrat!» vernehmen läßt, ohne sich dann aber verpflichtet zu fühlen, mit dem Landesvater ein Gespräch über politische Probleme anzuknüpfen. Auch Bundesräte sind Menschen, und während sie so im Bus nach Hause fahren, denken sie vielleicht nicht gerade an die Finanzierung des Zivilschutzes, sondern an die 250 Gramm Kochbutter, die sie auf dem Heimweg noch besorgen müssen.

Die Wohnsitze der Bundesräte unterscheiden sich durch nichts von den übrigen Häusern. Keine Absperrungen, keine Wachtposten. Selbst der Kehrichtkübel wird nicht von einem Sonderkommando des Volkswirtschaftsdepartementes abgeholt, sie müssen selber dafür besorgt sein, daß er am richtigen Tag am Straßenrand steht. Es gibt auch keine geführten Rundfahrten zu diesen sieben Häusern, obgleich eigentlich gerade das eine demokratische Lektion für ausländische Besucher wäre. Warum aber sollte nicht ein Anfänger von sich aus eine solche Besichtigungsfahrt machen? Sie wäre sicher recht nützlich, denn bevor er sich die sieben Adressen aus dem Telephonbuch herausschreiben könnte, müßte er die Namen der sieben Bundesräte kennen ...

Ein ausgesprochenes Regierungsquartier sucht man in Bern vergeblich. Wohl sind die Amtsräume der höchsten Magistraten im Bundeshaus zusammengefaßt; daneben aber verteilen sich die eidgenössischen Ämter auf die ganze Stadt. Andere sind überhaupt nicht in Bern: das Bundesgericht hat seinen Sitz in Lausanne, das Eidgenössische Versicherungsgericht in Luzern, und das Landesmuseum, schließlich auch eine eidgenössische Institution, befindet sich in Zürich. Es gäbe noch mehr solche Beispiele. Vor allem müßte man auch klarstellen, daß die wenigsten Vorsteher der obersten Ämter Berner sind, ja daß selbst im Bundesrat nicht immer ein Berner oder eine Bernerin sitzt. Ständeräte haben wir, wie jeder andere Kanton, nur zwei, und Nationalräte nur so viele, wie die Verfassung auf Grund der Bevölkerungszahl zuläßt. Ich erwähne dies, um dem Irrtum vorzubeugen, daß die Berner ein Herrenvolk seien, das der übrigen Schweiz seinen Willen aufzwinge. Diesen Eindruck könnte man nämlich zuweilen erhalten, wenn man vernimmt, wie in anderen Landesteilen über «Bern» gesprochen wird. Es heißt dann etwa: «Die in Bern glauben wieder, sie könnten mit uns machen, was sie wollen!» oder «Ces messieurs de Berne n'ont pas de raison!» – und da ist es gut, wenn man sich hin und wieder in Erinnerung ruft, daß diese maßgebenden Herren von Bern nur zu einem geringen Teil aus Bernern bestehen.

Oft hört man auch das Gerücht, Bern sei eine Beamtenstadt. Eine Beamtenstadt ist doch wohl eine Stadt, deren Berufstätige in der Mehrzahl Beamte sind. Nun trifft es sich aber, daß von hundert Berufstätigen nur rund zwölf dem Beamtenstand angehören. Glaubt wirklich jemand, diese Minderheit könne der Stadt das Gepräge geben? Natürlich: wenn man sich morgens kurz vor Arbeitsbeginn beim

Bundeshaus aufstellt, wird man vorwiegend Beamte sehen. Da könnte man sich aber ebensogut bei der Waffenfabrik postieren und nachher behaupten, Bern sei eine Arbeiterstadt, oder an Markttagen auf dem Bundesplatz, und dann den Schluß ziehen, Bern sei ein Bauerndorf.
Hüten Sie sich also vor Verallgemeinerungen! Sonst kommen Sie plötzlich, nachdem Sie innert einer Viertelstunde einer Inderin im farbig leuchtenden Sari, einem Negermädchen mit Schulmappe und einer Gruppe von Japanern begegnet sind, zur Überzeugung, Bern sei die Hauptstadt der Welt. So schmeichelhaft dies für uns ist, es stimmt nicht ganz. Bern als Landeshauptstadt ist eben auch Sitz von rund neunzig Botschaften, Gesandtschaften und Konsulaten, und da ergibt es sich von selbst, daß nicht jeder in der Stadt Niedergelassene mit alpinem Kurzschädel herumläuft. Von der République fédérale d'Allemagne bis zur République fédérative populaire de Yougoslavie schickt jedes Land, mit dem die Schweiz diplomatische Beziehungen unterhält, seine Vertreter nach Bern, und die Gesamtheit dieser ausländischen Sendboten nennt man «das diplomatische Korps».

Das diplomatische Korps

Was tut dieses diplomatische Korps? Es vertritt die Interessen der betreffenden Länder, und das ist eine Formulierung, die der Tätigkeit der Diplomaten weiten Spielraum läßt. Selbstverständlich liegt es im Interesse eines Gegners der Demokratie, unsere Wehreinrichtungen möglichst gründlich kennenzulernen. Nur so kann ich mir erklären, warum die Botschaften Rußlands, Rotchinas, Polens und anderer Kommunistenländer einen Personalbestand aufweisen, der im Verhältnis zu den Geschäften, die sie mit der Schweiz haben, in geradezu unglaublichem Maße überdotiert ist.
Daß die Führer von Autos mit einem CD-Schild («chauffeur dangereux») nicht dem schweizerischen Strafrecht unterstehen und sich öfters entsprechend aufführen, ist eine andere negative Seite unserer Diplomaten; doch gibt es zum Glück auch noch eine zweite, bedeutend angenehmere. Denn selbstverständlich leben in Bern nicht nur Spione und Agitatoren, sondern auch höchst gebildete, interessante Menschen aus fremden Ländern, denen man von weitem die Freude darüber ansieht, daß sie nach Bern und nicht nach Beirut versetzt worden sind. Bern ist nämlich ein beliebter Posten, weil die Schweizer ja kaum je Schwierigkeiten machen, und in diesem Sinne ist die Bundesstadt in ihrer Schönheit, Gemütlichkeit und Gastlichkeit eine nicht zu unterschätzende Waffe gegen die Feinde der Freiheit, muß doch auch der überzeugteste aller überzeugten Kommunisten zugeben, daß man sogar in einer kapitalistischen Kapitale recht wohl zu leben weiß.

Anhang

Bern für Fortgeschrittene

Wenn Sie das Büchlein bis hierher aufmerksam gelesen und vielleicht schon durchexerziert haben, könnte es sein, daß Sie den Drang nach mehr verspüren. Mit andern Worten: Sie sind nicht mehr der reine, unverdorbene Anfänger, sondern empfinden ungefähr gleich, wie Kolumbus es tat, als er sinnend vor dem Globus stand und sich fragte, ob die große Wasserfläche zwischen Lissabon und Kalkutta vielleicht nicht doch ein paar Inseln enthalten könnte. Natürlich haben Sie recht: ich habe Ihnen mehr verschwiegen als verraten, und dies teils mit Absicht, teils ganz einfach darum, weil ich ein Anfänger bin. Es wäre indessen nicht fair, wenn ich Ihnen jetzt nicht weiterhelfen wollte auf dem Weg zu höheren und tieferen Erkenntnissen über die schönste Stadt der Welt. Von hier an müssen Sie Ihren Weg jedoch allein gehen; ich kann Ihnen nur die Hilfsmittel nennen.
Und denken Sie bitte, wenn Sie eine höhere Stufe des Wissens und Verstehens erklommen haben, immer daran: auch die Fortgeschrittenen sind im Grunde genommen nur fortgeschrittene Anfänger.

Wie man sich zurechtfindet

Da stehen Sie nun also, dem Leitfaden entwachsen, aber doch etwas unsicher, wieder an der Schwelle der Stadt und schauen sich suchend um. Kopf hoch! Schreiten Sie getrost zum

Offiziellen Verkehrs- und Kongreßbüro,

das sich genau dort befindet, wo man es sucht: im Hauptbahnhof. Sie erkennen es erstens an den ferienfreudigen Schaufenstern und zweitens an den Leuten, die mit sorgenvollen Gesichtern hineingehen und mit befreitem Lächeln herauskommen. Im Verkehrsbüro überhäuft man Sie mit freundlichen Auskünften jeder Art und Prospekten über Bern. Man vermittelt Ihnen – im Rahmen des Zumutbaren – alles, und hilft Ihnen aus fast allen Verlegenheiten, ausgenommen finanziellen (kann Ihnen aber die Adressen von Banken geben).
Wenn Sie das Verkehrsbüro nicht finden können, verschaffen Sie sich einen Stadtplan. Er ist im Verkehrsbüro erhältlich.

Der offizielle Stadtplan

bietet Ihnen für wenig Geld eine Fülle von nützlichen Informationen. Er kann auch an Kiosken, in Buchhandlungen und Papeterien bezogen werden. Außer einem Straßenverzeichnis bietet er seinem Besitzer eine Übersicht über Bahnhöfe, Banken, Bibliotheken und Archive, Brunnen, Denkmäler, Hotels, Museen, Sehenswürdigkeiten, Unterhaltungsstätten, eidgenössische, kantonale und städtische Verwaltungen, Botschaften, Gesandtschaften und Konsulate.
Im Familienbad entfaltet und über den Kopf gebreitet, schützt dieser Plan außerdem vor Sonnenstich.

Das Berner Wochenbulletin

wird unter dem Patronat des Verkehrsvereins herausgegeben und enthält ungefähr die gleichen Angaben wie der Stadtplan, nur – abgesehen vom Topographischen natürlich – ausführlicher, dazu aber noch ein Verzeichnis all dessen, was im Verlauf der Woche an Kultur, Unterhaltung, Sportanlässen, Gottesdiensten und so weiter geboten wird. Sogar ein Verzeichnis der Kegelbahnen in Bern und Umgebung finden Sie darin. Im Verkehrsbüro schenkt man Ihnen gern eine dieser handlichen Broschüren; Sie können sie aber auch in Gaststätten, Hotels und Banken ungestraft zu sich stecken.

Hinweistafeln

an 89 Sehenswürdigkeiten zwischen Bärengraben und Bubenbergplatz ersetzen zwar keinen Kunstführer, geben aber doch in wenigen Worten und Zahlen einigen Aufschluß über unsere schönsten und interessantesten Häuser, Kirchen, Brunnen und dergleichen. Wenn Sie alle 89 Texte auswendig können, wissen Sie über Bern jedenfalls mehr als die meisten Berner.

Die Bevölkerung

ist, das darf man ruhig sagen, im allgemeinen hilfsbereit und wird keine Mühe scheuen, einem Ratsuchenden beizustehen.

Von der Polizei kann das gleiche gesagt werden. Es gibt Kriminalpolizisten, die einen Posträuber entwischen lassen, nur um einem Basler oder Belgier den Weg zum Tierpark zu erklären. Man sollte aber die Gutmütigkeit dieser Ordnungshüter nicht mißbrauchen, es gibt ja noch genug Einheimische, die den Fremden mit Vergnügen den Weg weisen. Von einem Trinkgeld sehe man ab. Es könnte als Zeichen der Herablassung gedeutet werden und wäre es auch.

Schriftliches

So, wie ich Sie kenne, möchten Sie auch ganz gern etwas schwarz auf weiß nach Hause tragen.
Und da komme ich nun etwas in Verlegenheit. Nicht etwa, weil ich Ihnen nichts empfehlen könnte, sondern ganz im Gegenteil, weil soviel über Bern veröffentlicht worden ist, daß mir die Qual der Wahl den Atem verschlägt. Wenn Sie in einer unserer vielen Buchhandlungen vor das Regal mit den Bern-Büchern treten, werden Sie mich verstehen.

Große Freude für wenig Geld bereitet Ihnen bestimmt die Berner Reihe der *Schweizer Heimatbücher:* vorzügliche, knappe Einleitungen von berufenen Autoren und ein sehr gepflegter, umfangreicher Bildteil. In diesen Berner Heimatbüchern wurde mit Liebe und Fachkenntnis über alles geschrieben, was uns die bernische Heimat vererbt hat. Zur Zeit sind lieferbar: Bauernmalerei, Pfarrhäuser, Bauernhäuser; aber auch Landschaften und Personen haben hier ihr Denkmal gefunden. Doch, um bei der Stadt zu bleiben: kaufen Sie das Buch

Bern, die Bundesstadt, von Walter Laedrach (Berner Heimatbücher Bd. 33, Verlag Paul Haupt), oder, falls Sie statt 32 Bildseiten deren 140 wünschen,

Bern, Bildnis einer Stadt, von Werner Juker (Die großen Heimatbücher Bd. 1, Verlag Paul Haupt).

Bern-Forschern, die das Besondere unserer Stadt auch in der künstlerischen Einzelheit aufspüren wollen, empfehle ich das ungewöhnliche Photobändchen

«Berner» in Stein, Bronze und Holz, von Hermann von Fischer (Verlag Paul Haupt), und wer sich besonders für das schönste Bauwerk der Stadt interessiert, greife zum Heimatbuch *Das Münster in Bern,* von Max Grütter (Berner Heimatbücher Bd. 113/114, Verlag Paul Haupt).

Ein weiteres preiswertes Photobuch hat der Benteli-Verlag herausgegeben:

Bern – Die Hauptstadt der Schweiz in Farben. Diese Broschüre im Taschenformat verzichtet auf einen einführenden Text, erklärt aber dafür die 180 Farbfotos in deutscher, französischer, italienischer und englischer Sprache.

Ein inhaltlich ähnliches Buch, aber von größerem Format und mit ausführlicheren deutschen, französischen und englischen Bildlegenden ist

Bern in Farben, ebenfalls vom Benteli-Verlag.

Wer einen handlichen Stadtführer mit knappen Texten und Fotos zur Identifikation der Sehenswürdigkeiten wünscht, findet ihn für wenig Geld nicht nur in Buchhandlungen, sondern auch an Kiosken:

Bern – Führer durch die Altstadt, viersprachig, Buri-Druck Bern.

Knappe, präzise Antworten auf alle Fragen über die Bundesstadt erteilt auf 320 Seiten das

Historisch-topographische Lexikon der Stadt Bern von Berchtold Weber, eine im Verlag Stämpfli erschienene Schrift der Berner Burgerbibliothek.

Wie steht es mit Ihren geschichtlichen Interessen? Wenn Sie nun zusammenzucken, muß ich rasch beifügen, daß die Ansicht, Geschichte sei eine Aufzählung von Kriegsdaten und Friedensverträgen, schon längst überholt ist. Geschichte ist ein vom Leben geschriebener Kollektivroman, der uns um so mehr interessiert, als wir im letzten Kapitel selbst vorkommen.

Bernische Denkmäler. Ehrenmale in der Gemeinde Bern und ihre Geschichte. Bearbeitet vom Staatsarchiv des Kantons Bern (Verlag Paul Haupt).

Lob der Langsamkeit – Ein Leitfaden zur Lebenskunst, von Guido Schmezer – Ueli der Schreiber (Verlag Paul Haupt).

Das Berner Geschichtswerk, das ich dem ernsthaften und vor einem gewissen Geldaufwand nicht zurückschreckenden Bern-Forscher ans Herz legen möchte, umfasst vier Bände und wiegt insgesamt 4750 Gramm. Unser Gehirn wiegt etwa 1350 Gramm. Nun können Sie selber ausrechnen, was man erwarten darf von dieser

Geschichte Berns, von Richard Feller, erschienen im Verlag Herbert Lang, Bern! Sie beschreibt die Zeit von den Anfängen bis 1798, also bis zum Untergang des Alten Bern.

Eine erste Fortsetzung ist 1982 vom Historischen Verein des Kantons Bern herausgebracht worden:

Geschichte des Kantons Bern seit 1798, Band I (1798–1830), von Beat Junker, Verlag Stämpfli.

Eine andere, auf 200 Seiten zusammengefasste Geschichte ist im Büchler-Verlag, Wabern-Bern, erschienen:

Berner – deine Geschichte. Sechs kompetente Autoren schildern die Geschichte der Landschaft und Stadt Bern von der Urzeit bis zur Gegenwart, mit vielen Illustrationen.

Aber all das ist nur eine winzige Auswahl aus einem riesigen Angebot. Den Gang in eine Buchhandlung erspart es Ihnen nicht.

Natürlich können Sie sich die Sache auch leicht und billig machen. Es gibt da ein schmales Bändchen über Bern, das sich in einer recht frivolen und oberflächlichen Art mit den verschiedenen Aspekten der schweizerischen Hauptstadt befaßt. Seinem Autor kann ich einige Vorwürfe nicht ersparen. Er ist sprunghaft, ungenau, widersprüchlich und parteiisch. Etwas aber muß man ihm zugute halten: er liebt seine Stadt. Und weil Liebe ansteckend wirkt und viel wichtiger ist als Konsequenz, Genauigkeit und Objektivität, möchte ich Ihnen, liebe Anfänger, dieses Büchlein trotz allen seinen Mängeln empfehlen: *Bern für Anfänger* von Guido Schmezer (Verlag Paul Haupt Bern).